中山出版
ZHONGSHAN PUBLISHING
香山承文脉 好书读百年

创新创业基础

中山市人力资源和社会保障局　编
中山市教育和体育局

SPM
南方出版传媒
广东人民出版社
·广州·

图书在版编目（CIP）数据

创新创业基础 / 中山市人力资源和社会保障局, 中山市教育和体育局编. -- 广州：广东人民出版社,2018.6
ISBN 978-7-218-12693-7

Ⅰ.①创… Ⅱ.①中… ②中… Ⅲ.①大学生—创业—高等职业教育—教材 Ⅳ.①G647.38

中国版本图书馆CIP数据核字(2018)第061726号

CHUANG XIN CHUANG YE JI CHU

创新创业基础　中山市人力资源和社会保障局　中山市教育和体育局　编　　版权所有 翻印必究

出 版 人：肖风华

责任编辑：李锐锋　吴锐琼
特邀编辑：陈植荣　黄洁华
封面设计：肖乐明
版式设计：陈宝玉
插画设计：孙　晔

统　　筹：广东人民出版社中山出版有限公司
执　　行：何腾江　吕斯敏
地　　址：中山市中山五路 1 号中山日报社 8 楼（邮编：528403）
电　　话：（0760）89882926　　（0760）89882925

出版发行：广东人民出版社
地　　址：广州市大沙头四马路10号（邮编：510102）
电　　话：（020）83798714（总编室）
传　　真：（020）83780199
网　　址：http://www.gdpph.com
印　　刷：广州市岭美彩印有限公司
开　　本：787mm×1092mm　1/32
印　　张：12　　字　　数：158千
版　　次：2018年6月第1版　2018年6月第1次印刷
定　　价：58.00元

如发现印装质量问题影响阅读，请与出版社（0760-89882925）联系调换。
售书热线：（0760）88367862　邮购：（0760）89882925

▍前　言

　　随着众创时代的到来，创新创业教育成为世界高等教育改革发展的潮流，被誉为是继学术教育、职业教育之后的"第三本教育护照"，它不仅体现了素质教育的内涵，更强调学生职业生涯理念的转变，为高等教育的发展赋予新的使命。正如联合国教科文组织（UNESCO）提出，高等学校应"主要培养学生的创业技能与主动精神"，使毕业生"愈来愈不再仅仅是求职者，而首先是成为工作岗位的创造者"。经过近 40 年的改革开放，我国经济发展从要素驱动、投资驱动转向创新驱动发展的新常态，正着力打造"大众创业、万众创新"的新引擎，亟须培养青年大学生开拓创新、快速学习、加速自我迭代、生涯应变的新能力。国办发〔2015〕36 号《关于深化高等学校创新创业教育改革的实施意见》指出，要健全创新创业课程体系，面向全体学生开发开设创业基础、就业创业指导等方面的课程，编写具有科学性、先进性、适用性的创新创业教育重点教材。

　　党的十九大报告指出，要"激发和保护企业家精神，鼓励更多社会主体投身创新创业。建设知识型、技能型、创新型劳动者大军，弘扬劳模精神和工匠精神，营造劳动光荣的社会风尚和精益求精的敬业风气。"

　　中山市作为改革开放的先行市，正大力实施创新驱动发展战略，促进产业转型升级，推动城市"二次创业"，营造更为浓郁的创新创业氛围。此次，受中山市人力资源和社会保障局与中山市教育和体育局委托，我们编写《创新创业基础》教程，即是顺应众创时代深化创新创业教育改革，培养创新创业人才的现实需要。本书作为推进创新创业教育的普及读本，将以大学生创新创业的相关议题分章节进行阐述，主要包括众创时代、认知创业、认知自我、创新思维、机会获取、团队组建、资源整合、创业融资、创业计划、企业管理等十大议题。本书既有对"大众创业、万众创新"时代背景和形势政策的介绍，又有众创时代背景下的自我认知和未来职业选择的分析；既包括创新创业意识和思维方法的训练，又包括创业实践行动的指南；既有"互联网+"时代下创新创业知识的普及，又有大量中山本土创新创业案例的呈现以及创新创业文化的挖掘和传承。

本书贯彻实践育人的创新创业教育教学宗旨，关注知识普及，淡化理论、突出实践、加强应用，借鉴美国百森商学院创业教育实践教学法，重视设计游戏、移情、创造、试验和反思等系列实践活动，帮助读者建立创新创业型思维和创业行动的能力，从而在持续变革和不确定的环境中创造、发现和开发各种机会。同时，本教材重视通过实用工具、图表、漫画、思考讨论、内容小结等多种表现形式，减少长篇累牍的文字堆砌，提升教材的表现力，增强教材的指导性和针对性；行文深入浅出，通俗易懂，选取本土企业和大学生的创业案例，增强教材的亲和性和可读性。

本书第一、二、九章由付培凯编写，第三、六、十章由卢卓编写，第四、八章由向高潮编写，第五、七章由詹俏敏编写，全书由卢卓统稿。本书也受到广东省高等职业教育教学改革项目（项目编号：201401245、GDJG2015305）、广东省高等学校优秀青年骨干教师培养项目（项目编号：YQZS201501）的支持，引用了大量资料，在此，对有关作者表示深深的感谢。同时对中山职业技术学院、广东人民出版社的大力支持表示谢意！

《创业创新基础》编委会

主　编：卢　卓　付培凯
副主编：詹俏敏　向高潮

目 录

第一章　走进众创时代　1

第一节　创新创业与经济转型　2
第二节　"众创"成为创新创业的主要形式　13

第二章　创业过程与企业形态　25

第一节　创业过程　26
第二节　企业法律形态　32

第三章　自我认知与生涯规划　43

第一节　自我认知　44
第二节　创业者　47
第三节　创业选择与生涯规划　55

1

第四章　创新思维方法　61

第一节　培养创新思维　62

第二节　创新思维技法　68

第三节　创新成果保护　76

第五章　获取创业机会　81

第一节　认知创业想法　84

第二节　获取创业想法　87

第三节　评估创业机会　93

第六章　整合创业资源　100

第一节　认知创业资源　102

第二节　整合创业资源　106

第七章　组建创业团队　114

第一节　创业团队及内涵　115

第二节　团队招募与分工　116

第三节　股权设计与激励　122

第四节　团队冲突管理　126

第八章　筹措创业资金　135

第一节　创业融资概述　136

第二节　资金需求预测　137

第三节　资金筹措渠道　138

第四节　众筹融资　144

第九章　创业计划与路演　148

第一节　商业模式画布　149

第二节　制订创业计划　155

第三节　创业项目路演　159

第十章　新创企业管理　168

第一节　公司注册程序　169

第二节　企业生命周期　170

第三节　新企业管理问题　172

第四节　新企业生存管理　174

第五节　打造高成长企业　176

第一章 走进众创时代

　　纵观人类发展历史，创新始终是一个国家、一个民族发展的重要力量，也始终是推动人类社会进步的重要力量。不创新不行，创新慢了也不行。如果我们不识变、不应变、不求变，就可能陷入战略被动，错失发展机遇，甚至错过整整一个时代。

——习近平

第一节　创新创业与经济转型

约一个半世纪前，英国大文豪查尔斯·狄更斯在《双城记》开篇这样写道："这是最好的时代，也是最坏的时代；这是智慧的年代，也是无知的年代；这是信仰的日子，也是怀疑的日子；这是光明的季节，也是黑暗的季节；这是希望之春，也是失望之冬；我们应有尽有，我们一无所有；人们直登乐土，却也直下苦境。"这段话辩证地揭示了社会发展的复杂性和相对性价值。的确，不管置身于哪个时代，人们都会发现狄更斯的这段话对于现实的描述是准确而贴切的。

进入 21 世纪，人类越来越深刻地感受到摩尔定律（当价格不变时，集成电路上可容纳的元器件的数目约每隔 18—24 个月便会增加一倍，性能也将提升一倍）的巨大影响力，激变成为这个时代的主要特征，迅速颠覆了人们对于世界的传统判断，更加凸显狄更斯描述的"悖论式"时代特点。跨界打劫、草根逆袭、分享经济、大众创业等众多新现象出现在人们的视野，一个风起云涌的伟大时代已经到来。

一、推动社会发展的创新

1912 年，美籍奥地利经济学家约瑟夫·熊彼特在他的《经济发展理论》一书中，首先提出了"创新"（Innovation）的概念，人们通过"新技术是一种创造性的毁灭力量"这句名言认识了他。熊彼特认为，创新就是"创立一种新的生产函数"，也就是把一种从来没有过的关于生产要素和生产条件的"新组合"引入生产体系，新产品、新生产方法、开拓新市场、获取（支配）新的资源（或货源、原材料）、新的组织形式都属于创新的范畴。管理学大师德鲁克发展了熊彼特

约瑟夫·熊彼特

的观点，认为创新是赋予资源以新的创造财富能力的行为。

2000 年，联合国经济合作与发展组织（OECD）在《学习型经济中的城市与区域发展》报告中提出："创新的含义比发明创造更为深刻，它必须考虑在经济上的运用，实现其潜在的经济价值，只有当发明创造引入到经济领域，它才成为创新。"

目前，学术界对于创新的概念并没有一个完全统一的描述。比较为大多数人接受的观点是：创新是以现有的思维模式提出有别于常规或常人思路的见解为导向，利用现有的资源，在特定的环境中，本着理想化需要或为满足社会需求，改进或创造新的事物、方法、元素、路径、环境，并能获得一定有益效果的行为。

创新是一个与创造和发明相关但又非常不同的概念。对于创新而言，区别于创造和发明的关键点在于创新具有侧重于经济方面的特殊用法。

◀ 发明创造主要是与"技术"和"工艺"相关联的概念，是根据发现的原理而进行制造或运用，产生出一种新的物质或行动。

◀ 发明或创造只有当被应用于经济活动，创造经济价值时才能称之为"创新"，换言之，只有成功实现了商业化的发明创造，才可以被称之为创新。

3

　　发明创造的指向不一定是经济行为或经济价值。被誉为中国"四大发明"之一的火药，其产生首先是源于炼丹术士在炼长生不老丹时的偶然发现，但在特定的配方形成后，就成了一项重大的发明。创新则不同，一种发明或创造只有当它被应用于经济活动，实现其潜在的经济价值时才能称之为"创新"。火药在唐朝末年开始用于军事，民间则用于制作鞭炮焰火等节庆用品，真正用于经济生产却很难看到，因此，火药在我国只能算作发明创造，还不能称为真正意义上的创新成果。

　　创新是以新思维、新发明和新描述为特征的一种概念化过程，具有创造性、潜在高价值性、风险性、动态性等特征。

创新包含更新、创造新的东西和改变三层含义。	创新不一定是绝对全新的东西，一些旧东西，融合新的元素，配以新的形式，也可以叫作创新。	创新主要关注的是经济、社会性影响结果。

创造性	潜在的高价值性	风险性	动态性
打破常规、敢走新路、掌握规律、勇于探索。	新发明 + 应用 = 价值	创新意味着改变，而这种改变的结果是不确定的。	创新不是一劳永逸的，而是不断创造和革新的过程。

创新的回顾及趋势

1876年，英国邮政总局工程主管普立兹爵士说："美国人需要电话，但我们不用。我们有很多邮差。"1889年，托马斯·爱迪生说："倒腾交流电只是浪费时间，永远没人会去使用它。"1901年，戴姆勒汽车创始人戈特利步·戴姆勒预言，由于司机的缺乏，未来全球对汽车的需求不会超过100万辆。1943年，IBM董事长托马斯·沃森说："全世界的电脑市场会是只有5台。"1946年，电影制作人达里尔·扎努克说："电视不会成为主流，因为大多数的人每晚坐着看一个箱子很快就会感到厌倦。"1959年，美国艾森豪威尔总统任内的邮政官员桑默菲尔德说："在人类登陆月球以前，纽约的邮件就能靠导弹在几小时内送到澳大利亚。"1966年，美国《时代》杂志称："远程购物虽然完全可行，却终将失败。"1977年，数字设备公司创始人、1980年发明了首台科研用高级微电脑的肯·奥尔森说："我们没有理由认为人们会需要家用电脑。"2006年，《纽约时报》科技专栏作家戴维·伯格说："大家老问我苹果何时推出手机，我的答案是，恐怕永远不会。"

创新深刻地改变了我们的工作和生活方式，也正是因为创新，我们想准确地预测未来成为一件很困难的事情。

放眼世界历史，从茹毛饮血的野蛮时代到工业革命前夕的漫长岁月中，人类总共创造了3%的财富，而工业革命至今有250年，这250年间人类创造的财富是97%（这里有一个假定，把人类迄今为止的总财富看作是1）。科技与创新的发展是推动最近250年经济社会持续加速增长的一个重要原因。

创新表现出两个较为明显的趋势：

一是创新成果数量呈现出加速度增长的趋势。

以衡量创新的重要指标之———专利申请数来说，从2002—2015年，全球专利申请量从119万件上升到164

万件，10 年增长率达 37.8%，而到 2015 年，全球专利申请量约为 290 万件，4 年增长了 76.8%。

二是从发明向创新转化的时间日益缩短。

从发明到创新的过程存在着滞后期。但是，随着市场拉力和技术推动的整合与互动方式的革命性变迁，创新滞后期随着时代的前进而缩短，创新成果转化的速度也越来越快。20 世纪初，一项发明转化为创新大约需要 20 — 30 年，而现在信息产品的更新换代只有十几个月。像大家都熟知的电子产品，其创新转化速度就是以月计算的。

表 1.1　发明转化为创新的速度

技术与产品	发明年份	创新年份	滞后期（年）
日光灯	1859	1938	79
采棉机	1889	1942	53
拉链	1891	1918	27
电视机	1919	1941	22
喷气发动机	1929	1943	14
雷达	1922	1935	13
复印机	1937	1950	13
蒸汽机	1764	1775	11
尼龙	1928	1939	11
无线电报	1889	1897	8
三极真空管	1907	1914	7
圆珠笔	1938	1944	6
万维网	1990	1993	3

创新不局限于科技领域。从历史上来看，影响社会进步以及人类发展的重大创新，并不都是来自科技领域。人类文明开发较早的几个大洲普遍经历过早期的农业革命，人们先是进行家畜饲养，进而从事水稻、小麦、玉米等粮食作物的种植，这些饲养及种植技术都是非常重要的生产方式创新，而恰恰是生产方式的创新，改善了人类的生存条件。货币的使用创新了商品的交换形式，解决了物物交换过程中出现的时空矛盾，有效地促进了社会流通和商品经济的发展。14 世纪中叶至 16 世纪始于意大利的欧洲文艺复兴运动，全面带动了科学、艺术、人文思想的革命，为欧洲的现代文明奠定了基础。而就科技创新领域来说，大国崛起普遍呈现"科技强国—经济强国（发明—创新）—政治强国"的历史演变路径。一个国家的强大不仅受制于经济总量、领土幅员和人口规模，更依赖于它的综合创新能力。

一直以来，美欧各国政府和产业界都把创新视为立国之本，为在全球新一轮竞争中把握主导权和主动权，世界主要国家纷纷调整战略方向，推动创新发展政策的频率之快、密集程度之高可谓前所未有。

我国为人类社会的进步创造了非常丰富的成果。中国古代的科学技术，在很长的一段时期里都居于世界领先地位。商汤将"苟日新，日日新，又日新"的誓词刻在澡盆上，提醒国家需保持创新意识。从春秋战国时期开始，中国的技术创新始终走在世界前列，有力地推动了经济社会的发展，这个趋势一直持续到鸦片战争前夕。由于科技创新的影响，在公元 1 世纪，汉朝中国和罗马帝国处于同一发展水平，人均收入水平基本一致。但到盛唐时期，中国经济总量占世界经济总量的 3/4，乾隆盛世时期占到了世界经济总量的 1/2，就是直到鸦片战争前夕的 1820 年，中国仍是当时世界最大的经济体，国内生产总值（GDP）仍占世界份额的 32.4%。

当 14 世纪中国技术创新呈现减缓趋势的时候，欧洲却渐渐成为现代科技的发源地，生产力突飞猛进，科学技术获得迅速发展，特别是 18 世纪英国工业革命后的技术创新大大加快且一直保持了较快的发展水平。创新能力的差异逐渐拉大了中国与世界先进国家的距离。

改革开放前一百多年的内乱和外患让中国错过了 18 世纪从西欧驶出的工业革命和科技革命的列车。1978 年，中国开始实行一场史无前例的制度创新——改革开放，中国再次拥抱世界的开放态度与行动推动了各领域的创新。改革开放加速了中国现代化的进程，日益缩小与世界先进国家的差距。

2016 年，由世界知识产权组织、美国康奈尔大学、英士国际商学院共同发布的全球创新指数显示，中国首次跻身世界最具创新力的经济体前 25 强，标志着中等收入国家首次加入了高度发达经济体行列。

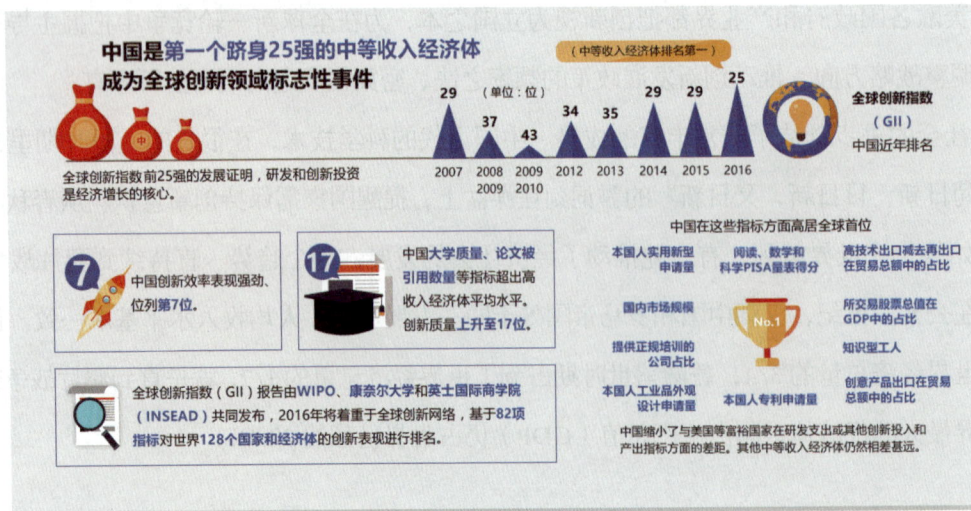

2017 年，由世界知识产权组织、美国康奈尔大学、英士国际商学院共同发布的全球创新指数显示，中国位列世界最具创新力的经济体第 22 位，标志着中国已经跻身全球创新领导者序列。

从 2013—2018 年，我国政府在全社会大力激发和保护企业家精神，鼓励更多社会主体投身创新创业。建设知识型、技能型、创新型劳动者大军，弘扬劳模精神和工匠精神，营造劳动光荣的社会风尚和精益求精的敬业风气。五年来，我国创新驱动发展成果丰硕。全社会研发投入年均增长 11%，规模跃居世界第二位。科技进步贡献率由 52.2% 提高到 57.5%。载人航天、深海探测、量子通信、大飞机等重大创新成果不断涌现。高铁网络、电子商务、移动支付、共享经济等引领世界潮流。

中山地处江海交汇处的伶仃洋畔，独特的生存环境孕育了中山人敢为人先、开拓创新的品格。20 世纪上半叶，中山人在上海开设的先施、永安、新新、大新"四大百货"，正是通过不断创新创造了一段商业奇迹，开启了中国百货业的现代化进程。

"四大百货"的创办者马应彪、郭乐郭泉兄弟、蔡昌、李敏周等人先后于 1917—1929 年间在南京路开办百货公司。面对富有商业智慧的同业竞争对手，"四大百货"竞相创新商业运营模式和管理制度、推出新型销售手段和服务方式，创造了百货业中的众多"第一"。

先施首次引入了"环球百货"的概念，为顾客提供世界各地最新出产的商品和货物；率先采用开放式货柜售货；首创商品标价不议价和开发票的现代经营方式；首次雇佣女店员和实行星期天休息制度；在屋顶平台建设大型游乐场，推行"食购娱一体"商业模式。永安公司开创沿街面橱窗陈列商品和聘用美女销售员的先河；第一次将日光灯照明引入卖场；首创购物礼券，发行信用折子，实行先取货后定期付款的结算制度。新新公司是首家安装空调商场并自行设计了第一个由中国人创办的广播电台，在被对手模仿时推出"玻璃电台"吸引顾客。大新公司首次将自动扶梯引进商场，满足了顾客的好奇心，由此名声大振，生意兴隆。

"四大百货"在激烈的商业竞争中，不断把商业中从来没有的生产要素和条件引入商业实战，取得了商业的成功，体现了强烈的创新精神，也突显了创新在商业领域的巨大价值。

二、改变人类命运的创业

创业是人类社会前进的动力。我们现在所拥有的一切，可以说都是创业的成果。在经济学界，创新和创业是两个既有紧密关联又相互区别的概念。

创新是创业的基础。创业需要持续不断的创新思维、意识和实践，创业的本质是创新，创新是创业的灵魂。没有创新，创业就会缺乏活力，难以为继。

创业是创新价值的体现形式。创新的价值在于将潜在的知识、技术和市场机会转变为现实生产力，转化的根本途径就是创业，通过创业实现创新的价值。

创业促进深化创新。创业是推动创新应用性的过程，直接引发市场需求和生产关系发生变化，发展变化中出现的新问题都有赖于创新提供全方位支持。

创业有广义和狭义之分。

广义的创业，是指社会生活各个领域里的人为开创新的事业所从事的社会实践活动，其突出强调的是主体在能动性的社会实践中所体现的一种特定的精神、能力和行为方式。

狭义的创业，是一个经济学的范畴，指主体以创造价值和就业机会为目的，通过组建一定的企业组织形式，为社会提供产品服务的经济活动，即我们通常所说的创办企业。

创业的价值

| 促进形成适宜的社会结构和经济结构 | 创业成为经济发展新引擎 | 创业带动就业 | 成就个人理想 |

创业的类型

（1）依据创业动机类型的差异，创业可以分为生存型创业和机会型创业。

生存型创业（Necessity Entrepreneurship，即 NE）是指由于没有其他就业选择或对其他就业选择不满意而为了生存被迫实施的创业行为。

机会型创业（Opportunity Entrepreneurship，即OE）是指超越了生存压力而为了追求更好的商业机会所从事的创业活动。

表 1.2　生存型创业与机会型创业比较

创业类型	生存型创业	机会型创业
创业动机	生存所迫	乐于挑战自我
成长愿景	小富即安	追求持续发展
适合人群	社会生存能力弱	创新基础好，资源整合能力强
适合行业	低端加工及消费服务业	商业服务及科技类产业
促进产业升级能力	弱	强
岗位制造能力	弱	强

（2）根据创业所依靠的平台不同，可以分为自主创业和岗位创业。

自主创业是指劳动者主要依靠自己的资本、资源、信息、技术、经验以及其他因素自己创办实业，解决就业问题。

岗位创业是指人们根据社会需要，运用自己的聪明才智创立一种事业，或在工作中有所创造、创新和发展。

对"绝大多数"不适合自主创业的人，岗位创业是一种更理性、更实际的实现人生价值、取得事业成就的方式与途径。在岗位上创业一样可以得到社会的认可，而且在岗位创业上不用承受自主创业所承受的精神压力和风险，可以得到企业支持，能以最便捷的方式实现人生的理想。

（3）依照创业的创新程度的差异，可以分为模仿型创业和创新型创业。

模仿型创业是指那些通过模仿或跟随别人而不进行创新或很少进行创新的创业活动。

创新型创业是指那些通过创新、变革或率先抓住具有较高创新性机会的创业活动。

模仿型创业往往创新性不强，容易被模仿。模仿型创业具有投资少、见效快、迅速进入市场等特点。模仿型创业对于市场来说虽然也无法带来新价值的创造，创新的成分也很低，但与完全复制创业的不同之处在于，创业过程对于创业者而言还是具有很大的冒险成分。创新型创业的商业机会往往创新程度较高，不容易被模仿或还没有被大量模仿。

第二节 "众创"成为创新创业的主要形式

众创，即大众创新创业。由于兴趣、成本、自我价值实现或者其他社会因素的综合作用，当前大众创新创业的动机被广泛激发，"大众创业、万众创新"成为社会新趋势。"众创"之"众"并非通常意义的群众，而是富有创新创业精神的个体集群。

一、创新民主化时代来临

说到创新，人们往往想到的是那些科技牛人或发明家，认为创新与普通百姓相距甚远。美国是当今世界上的创新强国，能够造就今天如此强大的美国，当然少不了那些创新传奇人物，但更多的是，美国存在着一个更为庞大的普通创新群体。正如哈罗德·埃文斯在《美国创新史》一书中所指出的，美国社会的繁荣史是那些善于发明创造的人民的历史，他们对技术有着神秘的信仰，从在大平原上用风车取水的早期定居者到当前互联网上的精英，创新实用的发明是美国卓越背后的主要力量源泉。埃文斯笔下的创新者最初并非都是社会精英，他们当中有卡车司机、肖像画家、修鞋匠、海员、水果批发商、毒贩子、美发师、广告员、磨房主、奴隶不识字的女儿、旧金山街头的暴乱分子、海滩出租车司机、女裁缝、钢琴销售员、发电厂的领班、二战末在战舰上无所事事的美海军士兵、花花公子、业余无线电爱好者、小职员……当然，还有两位发明了飞机的自行车技工（莱特兄弟）。

信息通信技术的融合与发展推动了人们生活方式、工作方式、组织方式与社会形态的深刻变革，同时也推动着知识社会的形成和创新模式的嬗变。与信息技术由 Web 1.0 向 Web 2.0 演化相对应，创新也经历了一个由创新 1.0 到创新 2.0 的创新民主化的演变过程。

Web 1.0 时代

信息技术的变革和使用推动了互联网时代的到来。最初，创新发展所需要的大量信息数据通过互联网被科学

以技术发展为导向、科研人员为主体、实验室为载体的科技创新 1.0 转向以用户为中心，
以社会实践为舞台，以共同创新、开放创新为特点的用户参与的创新 2.0 模式。

家及网络工程师所利用，他们由于掌握着研发平台和研发工具，具有"近水楼台先得月"的独特优势，抢得商业先机，把所需要的科研成果转化为产品或者服务。在这个阶段，互联网最重要的作用主要用于传输和处理数据，而人们更多的只是互联网的消费者，几乎不参与互联网的创新过程。

创新 1.0 时代

与 Web 1.0 时代相对应的创新阶段叫作创新 1.0 时代，这个阶段创新是以技术发展为导向、科研人员为主体、实验室为载体的科技创新活动，用户和普通大众只能单向享受或者欣赏创新成果，很难作为创新主体参与到创新过程中去。

随着互联网技术的持续发展，大量的计算机接入互联网，使得越来越多的人通过互联网联系起来，人们借助互联网平台分享知识、沟通情感、开展合作。普通用户身份随之发生了变化，他们既是互联网世界的浏览者与消费者，同时也是内容的制作者和提供者，互联网走进了以博客、Wiki（维客，也译为维基）等开放平台为代表的 Web 2.0 时代。创新 2.0 正是伴随 Web 2.0 而产生的。

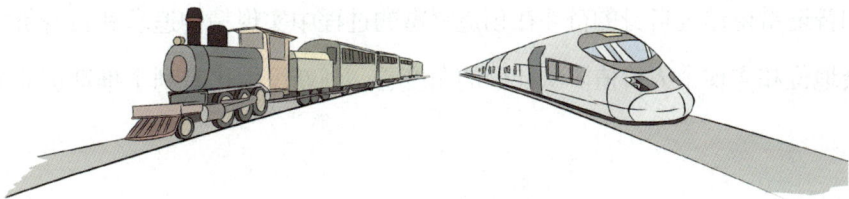

创新 2.0 是以人为本，以服务为导向，以应用和价值实现为核心的创新，具有用户创新、开放创新、协同创新、大众创新的特征。创新 2.0 是面向知识社会及未来社会发展的下一代创新，是从精英创新转向用户创新的变革，是技术主导转向社会实践的开放创新、协同创新和大众创新，是更注重社会协作，更为开阔、更符合用户需求的大众创新实践，是创新民主化、创新平民化、创新大众化的具体体现。

二、大众创业成为时代新特点

火车跑得快，全靠车头带。以前火车头是决定列车速度的唯一动力，现在的动车组完全不一样了，动车组属动力分散型列车，它在靠车头带动的同时，半数车厢都有发动装置，通过多个车厢的共同发力，实现动车组高速运行。"当代动车"是大众创造推动社会快速发展的现实隐喻。

创新民主化时代，从把人当作个体的角度看，每个人都享有自由创造和展示自己才华的机会，充分体现了"人民群众是历史的创造者"的客观要求。在每个人都享有自由创造的权利的社会环境中，人的主动性、创新性得到了极大激发，人们普遍希望通过自身的奋斗在创造财富的过程中实现精神追求和自身价值。通过创办企业实现财富增值、改变社会地位和实现个人价值。从社会的角度看，创新民主化有利于推动创业大众化，实现经济动能转化和提质增效。

在现实生活中，人们往往更认可大企业在社会经济生活中的地位和作用，而对于以草根创业为主体的中小微企业的存在或价值往往容易被忽视。然而，今天的大公司比如麦当劳、微软、华为等并非一开始就是大企业，这些企业也是从小推车、小车库、小工棚等小微企业发展起来的。阿里巴巴、新东方、百度、携程、网易等也同样是从小工作室和小培训班起家的。中小微企业是未来大企业的源头，也是推动国家进步创新的重要动力。

强大的经济体固然需要"顶天立地"的大企业，但更需要"铺天盖地"的中小微企业。中小微企业是大企业赖以生存的基础，是造就未来大企业的摇篮，同时，中小微企业也是科技创新、制造岗位和创造社会财富的主力。一个国家的经济发展速度在很大程度上取决于中小企业成长发展的速度。这种以大量创新成长型中小企业为支撑的经济形态被称为创业型经济。

试想，13亿人口中有8、9亿的劳动者，如果他们都投入创业和创新创造，这将是巨大的力量。关键是要进一步解放思想，进一步解放和发展社会创造力，进一步激发企业和市场活力，破除一切束缚发展的体制机制障碍，让每个有创业意愿的人都拥有自主创业的空间，让创新创造的血液在全社会自由流动，让自我发展的精神在群众中蔚然成风。借改革创新的"东风"，在中国960万平方公里土地上掀起一个"大众创业""草根创业"的新浪潮，中国人民勤劳智慧的"自然禀赋"就会充分发挥，中国经济持续发展的"发动机"就会更新换代升级。

——李克强在第八届夏季达沃斯论坛上的讲话

　　很多人认为美国经济之所以发达，原因在于，它拥有全球最多的 500 强企业，同时，美国也是世界上跨国公司、大企业最为集中的国家。在美国经济体系中，平均每 10 个人就有 1 人创业，全国大约有小企业 3000 万家，约占全国企业总数的 99%，小企业才是美国企业的主体，对全美经济社会发展起支配作用。我国改革开放近 40 年，中小企业异军突起。2018 年全国"两会"政府工作报告显示：我国各类市场主体达到 9800 多万户，五年增加 70% 以上，大众创业、万众创新蓬勃发展，日均新设企业 1 万 6 千多户。快速崛起的新动能，正在重塑经济增长格局、深刻改变生产生活方式，成为中国创新发展的新标志。

　　创业型经济是建立在创新与新创事业基础上的一种经济形态。我国目前正处于发展创业型经济的新阶段。在创业型经济形态下，创新作为要素及生产条件组合的革命性变化，其深处是技术进步驱动。技术进步源于人力资本密集的创业创新，这也就是"大众创业、万众创新"的最基本原因。创业者、企业家在这里所起到的关键性作用，是作为技术创新成果产业化的组织者，社会需要大量具有优良素质和高超技能的创业者为其提供源源不断的动能。

　　　创业型经济需要千千万万中小微企业支撑，千千万万中小微企业则有赖于数以亿计的创业者创建，推动大众创新创业成为创业型经济成败的关键。

千千万万中小微企业是社会创新的主体

第二次世界大战结束以来，成熟企业比新企业更不愿意承担风险，成熟企业变得越来越僵化，也越来越缺乏创新，最具革新性的飞跃往往是由新兴创业公司创造的。以技术创新为例，"二战"后，美国约有一半的技术创新，其95%的根本性创新是由新诞生的小型创业公司完成的。我国新兴的中小微企业在国家创新体系中的地位突出，目前这些中小微企业实现了80%以上的新产品开发和60%左右的发明专利，成为我国创新的主要力量。

千千万万中小微企业是社会岗位创造的主力

在20世纪七八十年代的美国经济滞胀期，财富500强企业减少了约500万个工作岗位，大量新成长的中小企业却创造了美国经济中81.5%的新就业机会，创造了超过3400万的就业岗位。美国新就业机会中的2/3是由小型创业企业创造的，小微企业被誉为"伟大的美国工作机器"。中小微企业也是我国市场经济活动的主要参加者，吸纳就业人数占全国城镇就业人数的80%。

千千万万中小微企业是社会创富的主渠道

世界主要经济体目前基本都是以中小微企业为主体的，创业成为国家经济的直接驱动力量，1980年以后，新兴的中小企业创造了美国超过95%的财富。创业为美国经济增添了活力，在创造了大量就业机会的同时，推动了美国经济几十年持续强劲发展，成为美国经济发展的直接驱动力。在我国，数量庞大的中小微企业为国家创造了50%以上的税收，实现了60%以上的国内生产总值。

爱尔兰推进创新创业的经验及启示

爱尔兰是欧洲小国，国土面积约 7 万平方千米，截止至 2014 年，爱尔兰有人口约 473 万，是世界上高度发达和最富裕的国家之一。2014 年，爱尔兰 GDP 增速达到 4.8%，2015 年更是高达 7.8%，人均 GDP 达到 4.4 万欧元。

纵观爱尔兰经济发展的历程，从以农业为基础的内向型经济成功转变成以知识为基础的高技术出口型经济，依靠的是对外开放和科技创新；爱尔兰经济从金融危机中迅速恢复并保持稳固的高增长势头，其政府重视科技创新、大力扶持创新创业的做法发挥了重要作用。

2011 年，爱尔兰政府将经济复苏及推动就业作为政府首要任务，同时更加强调科技创新在经济发展和创造就业中的作用。2012 年以来，爱尔兰通过吸引外资和鼓励创新创业，创造了 13.8 万个新的就业岗位，仅 2015 年就业企业创新部支持的企业就创造了 2.2 万个就业岗位。

为支持小企业创新活动，帮助其从高校或政府研究机构获取专业化的知识服务，爱尔兰企业局引入了发放"创新券"的做法，每张创新券价值 5000 欧元，小企业可以用创新券购买外部服务。政府加大对科研人才的培养和支持，创造更多高技能岗位，采取了改善金融环境、降低商业成本、鼓励重大创新等一系列措施。就业行动计划实施以来取得了显著的成效。爱尔兰失业率已经从最高时的 15.1% 下降到 2016 年 2 月的 8.8%，为 2008 年以来的最低值。

　　爱尔兰推进创新创业经验所带来的启示是：创新文化是创新创业的思想源泉。创新是爱尔兰经济腾飞的主要因素之一。爱尔兰国家虽小，但拥有众多的"世界之最"，这也体现了爱尔兰的创新传统和创新文化。良好的创新制度和国家创新体系是创新文化生长的土壤，爱尔兰在经济发展的不同阶段都会根据内外部环境的变化适时调整国家创新治理体系，出台新的创新战略和规划，引导全社会创新创业，使得政府的无形之手和市场力量都发挥较好的作用。根据世界知识产权组织发布的《2015 年全球创新指数》报告，爱尔兰的创新指数进入世界前 10，排在第 8 位。

　　科技创新是创新创业的内在动力。科技创新是创新创业的源泉，爱尔兰政府始终把科技创新作为国家优先发展的领域。进入新世纪，爱尔兰政府先后两次发布实施科技创新战略，使爱尔兰成为创新型国家。

　　对外开放是创新创业的快捷途径。爱尔兰政府利用税收优惠政策吸引大批外资企业在爱尔兰投资发展。政府对企业统一按 12.5% 的税率征收所得税，这对跨国公司有着极大的吸引力。爱尔兰人口仅占欧洲人口的 1%，每年却吸引了占欧洲 6% 的国际货币资金流入。许多世界 500 强企业都将其欧洲总部设在爱尔兰。

　　政府资金是创新创业的重要杠杆。在支持中小企业创新创业，特别是初创企业方面，爱尔兰公共财政支持发挥着非常重要的作用。爱尔兰政府还对一些创业项目提供种子基金，如果初创企业最终失败，政府不会追讨所投资的基金；如果创业成功则可以扩大创业基金的规模。这些政策极大地鼓励了年轻大学毕业生创业。

　　人才是创新创业的根本保证。爱尔兰的发展得益于拥有大批受过良好教育的年轻人力资源。20 世纪 70 年代起，爱尔兰政府开始大幅度增加教育投资，扩大高校招生规模，国家公共教育投入强度居西方国家前列。在瑞士洛桑国际管理学院的《全球竞争力报告》中，爱尔兰被评为"欧洲教育质量最高的国家"。另外，爱尔兰政府积极吸引海外高素质人才，鼓励在海外留学和工作的移民回国创业，吸引了大量外籍高层次人才来爱尔兰。这些人员带来了最新的技术和急需的资金，为爱尔兰的科技创新和经济发展注入了活力。（根据2016年《全球科技经济瞭望》改编）

拓展阅读

中国"双创"理念何以能走向世界

2017年4月27日，联合国大会通过设立"世界创意和创新日"的决议，将每年的4月21日指定为世界创意和创新日，并呼吁各国支持"大众创业、万众创新"。中国将这一理念写入联合国决议，显示了创新作为推动可持续发展的重要动力已获得广泛国际共识，中国方案再次为全球课题贡献智慧。

从2014年9月李克强总理在夏季达沃斯论坛上提出"大众创业、万众创新"以来，"双创"理念迅速贯穿中国经济社会发展的方方面面。人们发现，原来，这个社会蕴藏着如此充盈的创新设想、有着如此强烈的创业诉求，如果能够从制度体系多一些包容、宽容，假以时日，必将激发起全社会的活力与创造力。

此番联合国大会将中国这一理念写入决议，并非是简单的倡导与肯定，而是体现了一种可贵的国际共识。这一方面表明，中国方案正在具有全球的普适性，并为全球课题贡献自己的智慧。随着中国经济越来越融入世界体系，中国与世界面临的问题也越来越呈现出某种"同频共振"，因此，中国提出的"双创"理念，旨在破解国内问题的解决方案，注定具有全球价值。

作为一个后发的发展中国家，中国在消除贫困、促进均衡增长，持续增加就业等方面的经验，对于其他发展中国家同样具有借鉴意义。在经济增速放缓的背景下，我国城镇新增就业人数已连续4年超过1300万人。这其中，"双创"以及强力推进的商事制度改革功不可没，据国家工商总局数据显示，仅2016年，我国全年新登记企业552.8万家，同比增长 24.5%，平均每天新登记 1.51 万家。

另一方面，从全球视野看，不仅存在不同地区之间经济发展不平衡的矛盾，也存在着经济增长与人口、资源、环境之间日益突出的矛盾，当此之时，以往那种单纯依靠资源或劳动力求得快速发展的路径，显然已经不符合时代的要求，即便依然存在一定的红利，也日渐摊薄，不可持续，因此，通过"双创"发掘经济潜力、激发个体创造力，几乎成为不二的选项。

一个国家经济活力的释放，民众创新和创造力的激活，关键在于政府要松绑，要让社会崛起。越是宽容、多元化的社会，就越是有活力和创造力，而一般民众、市场主体的奇思妙想也能够产生并付诸实施。

当下，基于"双创"的中国方案能够成为国际共识，固然是一种荣誉，但同时也意味着某种使命，即应该以更主动、更积极的努力，把自己的事情做得更好，真正成为全球化背景下某种具有可复制性的制度改革。这就要求我们必须全面深化改革，强力简政放权，放管结合，提升服务，真正做到在为社会松绑的同时，监管不能放松，从而保证"双创"的正确路径。

（来源：光明网）

☕ **思考与训练**

1. 什么是创新？什么是创业？创新与创业之间是什么关系？

2. 创业有哪些类型？创业的核心价值有哪些？

3. 有人说"我不想自主创业，所以创新创业都与我无关"，请运用相关知识对这种观点进行评论。

扫一扫，告诉你

本章小结

　　创新创业是人类永恒的话题，无论是过去还是今天，无论是政治、经济、科技、文化等领域的演进，还是社会性矛盾的解决，创新创业都为社会发展前进提供不竭动力。在今天的互联网时代，社会的扁平化促进了创新民主化，大众创业、万众创新真正成为现实，每一个人都有机会通过创新创业实践展示个人才华和实现人生价值。

参考文献

[1] 洪银兴. 关于创新驱动和创新型经济的几个重要概念 [N]. 新华日报，2011.08.26.

[2] 李建波. 论创新型经济的涵义、特征与发展趋势 [J]. 前沿，2011.07.

[3] 洪银兴. 创新型经济：经济发展的新阶段 [M]. 北京：经济科学出版社，2010.10.

[4] 吴新谦. 创新的意义在于创造经济价值 [ol]. 新民网，2016.10.11.

[5] 朱天. 全球比较看中国创新能力

[6] 华为案例分析. 华为式创新实践与创新哲学

[7] 郁义鸿等. 创业学 [M]. 上海：复旦大学出版社，1999.

[8] 郭必裕. 我国大学生机会型创业与生存创业对比研究 [J]. 清华大学教育研究，2010.04.

[9] 大众创业万众创新是关系每一个人的事 [N]. 光明日报 2015.08.10.

[10] 为什么提倡"大众创业、万众创新" [ol]. 中国经济网 2015.05.28.

[11] 刘志迎等. 众创空间——从奇思妙想到极致产品 [M]. 北京：机械工业出版社，2016.

[12] 中小企业是我国创造社会财富的主力 [ol]. 中山经济网，2015.09.21.

[13] 辜胜阻，曹冬梅，庄芹芹. 让创业创新成为新常态经济的新引擎 [N]. 金融时报，2015.07.20.

[14] 从摆地摊到投资酒店开办培训机构，"95后"大二女生两年时间赚了 120 万 [N]. 中山商报，2015.05.13.

第二章 创业过程与企业形态

你的时间有限，所以没必要把它浪费在复制别人的生活上。别被教条所羁绊，否则就是活在别人的想法下。不要让他人观点的噪音淹没了你自己内心的声音。最最重要的一点是，要有勇气追寻你的内心和直觉。

——史蒂夫·乔布斯

第一节　创业过程

创业是一种复杂的社会现象，创业涉及新技术的开发和商业化，资源的获取与整合以及一系列复杂的商业活动过程。比起短跑冲刺，创业过程更像是一场马拉松，它涵盖时间漫长，涉及因素繁多，因而具有很强的挑战性和诱惑性。拥有雄心壮志的创业者在真正投身创业实践之前，应该对创业过程有一定的认知，才能更加积极有效地面对创业过程中可能出现的种种困难和挑战，知难而进，理性而行，直至创业成功。创业过程有广义和狭义两重涵义。

广义的创业过程

广义的创业过程通常包括一项有市场价值的商业机会从最初的构思到形成创业，以及创业的成长管理过程。

狭义的创业过程

狭义的创业过程往往仅指新企业的创建和发展。创业者的所有创业活动都是围绕着企业组织能够良好运行而展开的。

从创业过程的起点来看，创业过程可分为资源推动型和机会拉动型。

▶ 资源推动型创业过程

资源推动型创业过程始于整理可用的资源,过程为:资源整合—搜集及评估机会—机会开发利用—创业管理。在实施创业活动时,决策方法为探索实践法,即没有创业实施的目标,而是根据已有资源有目的地寻找机会,反复评估匹配的资源与机会,最后找到最优机会。

◀ **机会拉动型创业过程**

机会拉动型创业起源于机会的认知及发现,过程为:机会发现及识别—资源搜集整合—机会开发利用—创业管理,即先有了创业目标,为实现目标去采取手段,通过采用多种方法最终实现预先设定好的目标。

创业过程的关键要素

创业是一个高度动态的活动,在这个实践过程中,创业机会、创业资源和创业团队三者是基本要素。此外,商业模式、战略规划和组织制度等要素也对创业过程有深刻的影响。

创业过程

创意挖掘		组建团队		战略管理
创业机会	⇒	编制商业计划书	⇒	组织制度
创业资源		创业融资		危机管理

构建商业模式　　　　　创建新企业　　　　　初创企业成长管理

任何成功的创业活动实质都是创业机会、创业团队和创业资源三者有效匹配和动态优化的过程。

团 队

创业团队是众多创业资源中的一种。与其他创业资源相比，创业团队的地位更为关键和重要。创业本质上是由人推动的一个行为实践过程，因此，人的素质和能力将决定创业过程的效率。一支其他资源不足的优秀创业团队，可以通过其成员高超的整合能力获取实现创业目标，而即使一个拥有充足资源的团队，如果团队管理和成员素质能力水平有限，也可能不能充分有效地发挥资源的支撑作用，从而未必能真正实现创业目标。

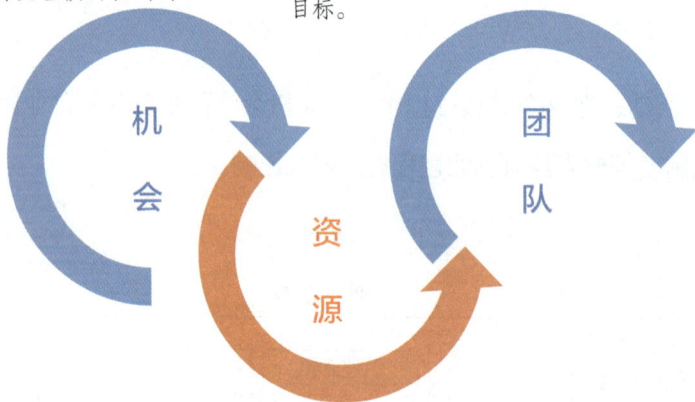

机 会

创业开始于对某一个富有价值的创业机会的发现或挖掘。面对众多看似有价值的创意，如何从中发现并科学评估真正具有商业价值和市场潜力的机会，进而寻找与机会相匹配的发展模式，需要谨慎而独到的眼光，这是创业成功的基石。

机
会

资
源

团
队

资 源

创业资源是推动创业实践开展的一切支撑要素的总称。在创业过程中，如果没有必需的创业资源做支撑，即使拥有多好的机会，创业者也难以迅速抓住它，而有价值的机会往往是转瞬即逝。作为一名优秀的创业者，不仅需要认识到资源对于创业成败的重要价值，同时也要能够持续不断地开发、整合和积累内、外部的创业资源，这样才能实现机会的有效开发以及战略规划的有效执行。

案例思考

中山职业技术学院15届毕业生钟添娇，大学就读期间在"创业圈"已赫赫有名。上大学的头两年，她瞒着父母拿着学费从摆地摊开始创业，在毕业前已成功主导3个创业项目，盈利120万元。深圳某酒店曾以年薪60万元相邀，被她拒绝。她说，比起稳定的工作，自己更喜欢创业。

瞒着家人用学费赚第一桶金

2012年9月，钟添娇成为中山职院的一名学生。不过，这名刚进校的新生，没有按常理"出牌"，而是在一名师姐的带动下，瞒着家人拿着学费，开始摆地摊创业。

每天课余，钟添娇就和师姐一起去竹苑市场或者紫马岭公园摆摊，卖一些最新流行的小饰品。"当时，我们并不清楚这样的做法对不对，但要赚钱的念头驱使大家努力坚持着，"钟添娇说。这种低成本、低层次的创业让她们在头一个月净赚了2000元。

不过，这2000元赚得并不容易。"一次出门摆摊，背着一大包货坐公交车，被司机拒之车外。"身材娇小的钟添娇，开始反思这种依靠体力创业的方式。

很快，钟添娇从摆地摊中看到了商机，决定转型做"中介"。所谓"中介"，就是寻找合适的厂家，为摆地摊者牵线搭桥，从中赚取差价，即"中介费"。同时，她也从网上或广州找厂家拿货，再把货转卖出去。因为款式新颖、价钱合理，半年时间里，钟添娇和师姐几乎垄断了紫马岭公园和竹苑市场一带地摊的供货，赚到近10万元。

调整方向投资酒店及培训机构

在做"地摊生意"赚到近10万元的同时，钟添娇成为中山职院创业协会会长，在同学中开始小有名气。因为这个名气，新的机会找上门来。

"有个开酒店的师兄找到我，想让我帮他。"2013年12月，钟添娇放弃地摊生意，加入师兄的新爱地主题酒店公寓。拿着摆地摊赚来的钱做投资，成为酒店的最大股东。

酒店开在西区，钟添娇入股时，只有6间客房，处于亏损状态。

入股酒店后，钟添娇的第一个任务就是帮助酒店转亏为盈。通过改造房间、打造特色客房、和酒店周边商家合作等方式，钟添娇成功把酒店从6间客房变成12间，此后陆续发展到48间，每月营业额约38万元，员工达到18人。在不到3个月时间内，钟添娇就实现了这个目标。

快速盈利也让钟添娇快速成长起来。"很多人只看到我们在赚钱，却不知道我们的付出。"钟添娇回忆说，刚入股时，她曾身兼数职——清洁阿姨、前台接待、派单员等，繁重的工作反而促使她更努力地想要通过"脑力"创业改变"体力"创业。"我努力去做推销和策划，希望盈利来聘请员工，"钟添娇说。

出入酒店的人员复杂，钟添娇很不习惯。因此，在运作酒店项目一年半后，她果断地将酒店转让，拿钱去办教育培训机构，从事中小学课业辅导。目前，培训机构正常运营，由合伙人全职打理相关工作。同时，钟添娇还投资了一家科技公司。

（摘自《中山商报》 2015年5月13日）

点评：创业的属性决定了创业者必然会遇上许许多多瓶颈，这注定了创业过程的艰辛与曲折。创业者需要在持续务实的工作中创造或发现机会，不断汇集整合各种资源，打造富有战斗力的团队，使之成为推动事业发展的基础或动力。钟添娇的创业经历表明，创业过程是一个持续积累的过程，其间离不开辛勤付出，离不开创新开拓，也离不开整合与借力。每一位创业者都应该理性看待创业过程的艰巨性、长期性及可能伴随的挫折与失败，坚定信念，推动创业过程实现螺旋式上升发展。

商业模式、战略规划和组织制度等要素也对创业过程产生深刻影响。

战略规划

战略规划是企业的经营规划，也是初创企业运营的一种内在模式。初创企业根据外部环境和自身条件的现实状况及其变化在竞争中做出取舍，并在创业实践中对实施过程与结果进行评价、反馈、调整。战略规划清晰的初创企业往往可以在变化莫测的市场环境中有效应对，将创业风险降低到可控的程度。

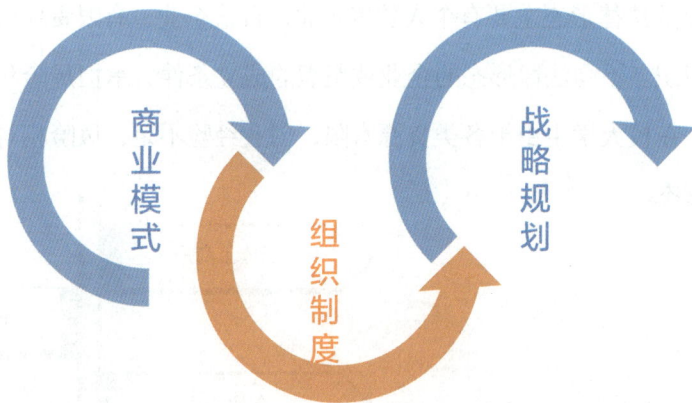

商业模式

一旦对创业机会进行评估并确认其潜在的市场价值之后，创业者应该明确自己在实践中怎样实现利润，即构建与创业机会相适应的商业模式。机会不能脱离一定的商业模式的支撑而独立存在，否则机会不可能转化为现实并带来市场价值。成功的商业模式是一条纽带，将富有市场潜在价值的商业机会和真正意义上的企业联系起来，为创业行为的持续开展提供可能。

商业模式　组织制度　战略规划

组织制度

初创企业组织制度是企业全体成员在创业实践中必须遵守的行为准则。它规定企业的组织指挥系统，明确了人与人之间的分工和协调关系，并规定各部门及其成员的职权和职责。当然，新创企业规模通常不大，内部组织的管理事务并不复杂，但是随着企业初步获得成长，组织管理的规范化程度必须得到相应提高，以适应企业不同阶段的发展需要。

第二节　企业法律形态

企业是活跃的经济体,具有多重属性和复杂的形态。企业法律形态是指由法律规定的企业在法律上的表现形式,即企业依据相关法律规定,以一定的形式组织表示其存在。企业法律形态决定企业内部的组织结构和企业的法律地位,同时也决定投资人的风险和责任范围。它是企业法或商法所确认的商事组织形式,也可以说是法律规定的企业的表现形式。

企业法律形态主要有个人独资企业、合伙企业、有限责任公司和股份有限公司等几种。个体工商户属于个体经济组织。不同法律形态的企业或组织的成立条件、承担风险和义务等各不相同,需要创业者根据自身实际进行选择。在校大学生由于各类资源有限,创业经验不足,风险相对更大,因此,在创业过程中更要慎重选择企业的法律形态。

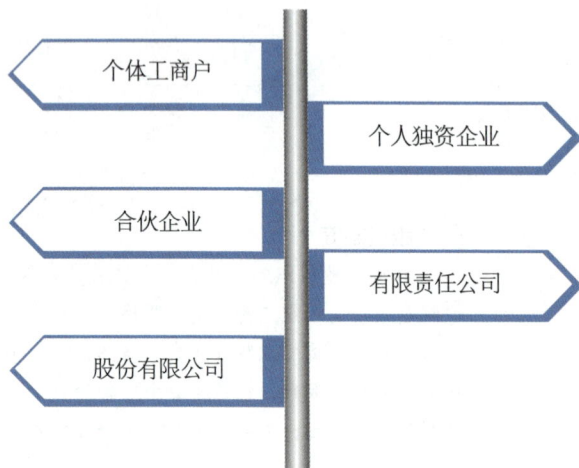

个体工商户

个人独资企业

合伙企业

有限责任公司

股份有限公司

一、经营主体的分类

创业是一种高风险的活动，创业离不开法律的规范。创业者创业时面临的首要法律问题是组织的法律形式问题，即创业者设立何种形式的组织，通过何种经营主体实现个人创业的梦想。随着市场经济不断发展的需要，我国经营主体的法律形式越来越多样化，主要表现为自然人主体、自然人企业主体、法人企业主体。

自然人主体
个体工商户

法律确定了只要具备民事行为能力的自然人即可以自己的名义独立从事经营等民事活动，并能独立承担民事责任。在我国，公民在民事法律地位上和自然人同义。许多家庭作坊、铺面零售等小创业者一般选择采用这种法律形式。

自然人企业主体
个人独资企业、合伙企业

随着市场经济的发展，创业变得依靠个人难以维持，需要集聚众人的力量，因此，自然人企业诞生了。企业作为一种经营性组织，将自然人组合起来，以企业的名义从事经营活动。

法人企业主体
有限责任公司、股份有限公司

法人是具有民事权利能力和民事行为能力，依法独立享有民事权利和承担民事义务的组织，是社会组织在法律上的人格化。社会化大生产和经营活动不断趋于复杂，各国法律加强了对企业组织形式的管制，对具有独立财产，能够独立承担民事责任的企业确认了法人的资格，以促使法人企业能不断发展壮大。

创办企业主体类型

自然人主体　能够参与民事法律关系，享有民事权利和承担民事义务的人。

自然人企业　能够参与民事法律关系，享有民事权利和承担民事义务的企业。

法人企业　法人是具有民事权利能力和民事行为能力，依法独立享有民事权利和承担民事义务的组织，是社会组织在法律上的人格化。

二、各种企业形态的法律规定与特点

（一）个体工商户

1

根据 2011 年 11 月 1 日起施行的《个体工商户条例》，个体工商户是指有经营能力，依照《个体工商户条例》的规定经工商行政管理部门登记，从事工商业经营的公民。《个体工商户条例》第 2 条第 1 款规定："有经营能力的公民，依照本条例规定经工商行政管理部门登记，从事工商业经营的，为个体工商户。"

2

个体工商户从事生产经营活动必须遵守国家的法律，应照章纳税，服从工商行政管理。个体工商户从事违法经营的，必须承担民事责任和其他法律责任。《民法通则》第 26 条规定："公民在法律允许的范围内，依法经核准登记，从事工商业活动的为个体工商户。个体工商户可以起字号。"

3

个体工商户资金没有法定要求，注册方便，其经营收入归公民个人或家庭所有。同时，因为个体工商户不具法人资格，对债务负有无限清偿责任。个人经营的，以个人财产承担；家庭经营的，以家庭财产承担。

4

在依法核准登记的范围内，个体工商户享有从事个体工商业经营的民事权利能力和民事行为能力。个体工商户的正当经营活动受法律保护，对其经营的资产和合法收益，个体工商户享有所有权。个体工商户可以在银行开设账户，向银行申请贷款，有权申请商标专用权，有权签订劳动合同及请帮工、带学徒，还享有起字号、刻印章的权利。

（二）个人独资企业

个人独资企业是指依法设立，由个人出资经营、归个人所有和控制、由个人承担经营风险和享有全部经营收益的企业。2000 年 1 月 1 日《中华人民共和国个人独资企业法》正式实施。个人独资企业主要适用于零售业、服务业、手工业、家庭农场等小型企业。

个人独资企业的投资主体为一个自然人。法律、行政法规禁止从事营利性活动的人作为投资人申请设立个人独资企业。投资主体具有单一性。

由投资人单独经营管理。企业内部机构设置简单，经营灵活。投资人可以不受任何限制地行使经营决策权。

有投资人申报的出资、合法的企业名称、固定的经营场所以及必要的经营条件。

以投资者个人财产对企业债务承担无限责任，即清偿企业债务不限于企业财产，还应包括投资人（企业主）的其他个人财产。

个人独资企业是介于自然人与法人之间的经营实体，它本身不具有独立的法律人格，不是法人。这种经营实体的财产归投资者个人所有，自然人的属性较突出，不具有社团的性质，所以，它没有法人资格。

（三）合伙企业

合伙企业，是指自然人、法人和其他组织依照《中华人民共和国合伙企业法》在中国境内设立的，由两个或两个以上的合伙人订立合伙协议，为经营共同事业，共同出资、合伙经营、共享收益、共担风险的营利性组织。合伙企业的设立条件如右图。

合伙企业分为普通合伙与有限合伙。

普通合伙企业

普通合伙企业由 2 人以上的普通合伙人（没有上限规定）组成，合伙人对合伙企业的债务承担无限连带责任。合伙企业对其债务，应先以合伙企业全部财产进行清偿。合伙企业不能清偿到期债务的，合伙人承担无限连带责任。

有限合伙企业

有限合伙企业由 2 人以上 50 人以下的普通合伙人和有限合伙人组成，其中普通合伙人至少有 1 人。当有限合伙企业只剩下普通合伙人时，应当转为普通合伙企业，如果只剩下有限合伙人时，应当解散。普通合伙人对合伙企业债务承担无限连带责任，有限合伙人以其认缴的出资额为限对合伙企业债务承担责任。有限合伙人不执行合伙事务，不得对外代表有限合伙企业。有限合伙人转变为普通合伙人的，对其作为有限合伙人期间有限合伙企业发生的债务承担无限连带责任。

（四）有限责任公司

根据 2016 年修订的《中华人民共和国公司法》，有限责任公司是指股东以其认缴的出资额为限对公司承担责任，

合伙企业设立的法律基础是合伙协议，这是合伙人权利和义务的依据，必须以书面形式订立。

②

① 必须有两个或两个以上的合伙人共同出资。合伙人可以是自然人，也可以是法人。

③ 合伙人可以采取多种方式承担合伙企业的债务。

公司以其全部资产对公司的债务承担责任。有限责任公司是一种比较普遍的企业法律形式，由 50 人以下的股东出资设立，股东可以是自然人，也可以是法人。一个自然人也可以成立一人有限公司。

公司章程

根据公司法规定，设立公司必须由股东共同制定公司章程。公司章程是公司存在和活动的基本依据，是公司行为的根本准则。

公司名称

建立符合有限责任公司要求的组织机构，必须在公司名称中标明有限责任公司或有限公司字样。公司名称的基本结构为：所在地区＋字号＋行业＋有限（责任）公司。如：深圳华为科技有限公司，中山市众创辉煌教育科技有限公司。

公司住所

有限责任公司需要有固定的经营场所。公司的住所是法律管辖、送达相关文件的重要依据，生产经营场地登记后，不得随意变更，如必须变更，公司应向工商机关办理变更登记。

（五）股份有限公司

股份有限公司（Stock corporation），企业的一种组织形式。是指以公司的全部资本分为等额股份所组成的公司，股东以其所认购的股份为限对公司承担责任，公司以其全部资产对公司的债务承担责任，股东大会是公司的最高权力机构。

设立股份有限公司，应当有2人以上200人以下为发起人，注册资本为在公司登记机关登记的全体发起人认购的股本总额。法律、行政法规以及国务院决定对股份有限公司注册资本实缴、注册资本最低限额另有规定的，从其规定。

股份有限公司由于设立门槛高，往往不适合实力薄弱的小微初创企业。

股份有限公司的特点：

公司应当将经注册会计师审查验证过的会计报告公开。

股份有限公司的资本总额划分为等额股份。

法律对公司股东人数只有最低限制，无最高规定。

股东以其所认购股份对公司承担有限责任，公司以其全部资产对公司债务承担责任。

公司可以向社会公开发行股票筹资，股票可以依法转让。

（六）不同企业形态的优劣

表2.1 不同企业形态的优劣对比

企业形态	优势（Strengths）	劣势（Weaknesses）
个体工商户	申请手续较简单，费用少 对经营范围没有特别严格的要求 经营灵活 决策简单快速 风险得到控制时收益比率较高	信用度及知名度低 无法以个体户营业执照的名义对外签合同 以个人或家庭财产承担无限责任
个人独资企业	立、转、废容易，且费用低 所有者拥有企业控制权 经营灵活，"船小好掉头" 只需缴纳个人所得税，无需双重纳税 有利于保护商业秘密	创业者承担无限责任 企业成功更多依赖创业者个人能力 企业信用低，筹资困难 企业随创业者退出而消亡，永续性弱 创业者投资的流动性低
合伙企业	与公司相比，创办相对简单、费用低 经营比较灵活 资金来源广，信用程度高 合伙人经济信用对企业信用至关重要 合伙人之间互相取长补短，团队参与性强	合伙创业者承担无限责任 企业绩效依赖合伙人的能力，规模受限 企业易因关键合伙人死亡或退出解散 合伙人投资的流动性低 合伙人责权均等，决策效率低
有限责任公司	创业股东只承担有限责任，风险小 公司具有独立寿命，易于存续 可以吸纳多个投资人，促进资本集中 多元产权结构有利于科学决策	立、转、废复杂，且费用高 存在双重纳税，纳税负担较重 不能公开发行股票，筹资规模受限 产权不能充分流动，资产运作受限

（续上表）

企业形态	优势（Strengths）	劣势（Weaknesses）
一人公司	设立比较便捷，管理成本较低 鼓励个人创业以及技术型创业 风险承担责任小、经营机制活	缺乏信用体系，筹资能力受限 财务审计条件严格，运营较难
股份有限公司	创业股东只承担有限责任，风险小 公司具有独立寿命，易于存续 筹资能力强 职业经理人进行管理，管理水平较高 产权可以以股票形式充分流动	立、转、废复杂，且费用高 存在双重纳税，纳税负担较重 上市股份有限公司要定期报告公司财务状况、公开自身财务数据，不便严格保密 决策过程较长 不适合初创型企业

拓展阅读

商事登记制度改革显成效　中山市场主体呈井喷式增长

中山市商事登记制度改革自 2013 年 11 月启动以来，"一照一码""两证整合""先照后证"、住所登记、电子营业执照、简易注销、全程电子化等改革措施已先后在中山落地实施，工商登记便利化程度不断提升，改革红利不断释放，全市市场主体呈井喷式发展。截至 2017 年底，全市实有市场主体约 35.08 万户（含分支机构，下同），涉及注册资本（金）约 5251.46 亿元，分别比前年同期增长 7.29% 和 27.85%。其中，2017 年新登记注册市场主体 7.31 万户，比 2016 年同期增长 21.44%。

第三产业户数占 7 成多

截至 2017 年底，中山市实有私营企业 12.44 万户，比去年同期增长 14.07%，注册资本（金）实有 2621.53 亿元，增长 31.41%。私营企业实力不断增强，注册资本 5000 万元以上的企业 1121 户，比去年同期增长 17.88%；私营企业法人户均注册资本 221.65 万元，比去年同期增长 14.89%。从三大产业来看，第一产业实有 2123 户，比去年同期减少 2.8%，占全市市场主体总户数的 0.62%；第二产业实有 9.66 万户，比去年同期增长 3.09%，占中山市市场主体总户数的 27.54%；第三产业实有 25.21 万户，比去年同期增长 6.55%，占中山市市场主体总户数的 71.85%。

个体工商户发展速度趋缓

2011 年 2 月 10 日，中山市政府印发了《关于促进个体工商户转型升级的实施意见》，助推个体工商户转型升级。截至 2017 年底，全市实有个体工商户 21.29 万户，比去年同期增长 3.41%，增速比去年回落 3.77 个百分点。事实上，近几年中山市个体户总量一直在增长，但占比和增长速度一直在回落，个体工商户所占市场主体总数由 2011 年前的 78.5% 下降到 60.68%。

（来源：《中山日报》 2018 年 2 月 5 日）

思考与训练

扫一扫，告诉你

1. 什么是创业过程？创业过程是否有一个共同的起点？为什么？

2. 请结合你或你周围人的创业项目，讨论并分析该项目适合何种企业法律形式，为什么？

3. 有人认为有限责任公司比其他企业形态好，所以创业都应该选择这种形态，你怎么看？

本章小结

对于初次创业的人来说，创业过程的艰辛更多停留在认知层面而不是真实体验层面，创业头绪繁多，不知从何下手的情况也常常困惑着创业者，全面客观地认识创业过程及其阶段性特点，有助于创业者确定自己的工作要点和序列，高效组织和实施创业实践成为必要。在创业企业法律形态的选择方面，创业者应该根据自己资源和能力的现实情况来细心分析、评估，确定恰当的企业法律形态，牢记"适合的才是最好的"这一忠告。

参考文献

[1] 董婷. 创业过程模型及案例分析 [D]. 北京交通大学学位论文，2009.

[2] 周小云，孙蕾. 企业法律形态目标模式问题辨析 [J]. 法制与经济，2016.

[3] 董开军，李诚. 论企业法律形态问题 [J]. 中国法学，1992.

[4]《个体工商户条例》（2011）

[5]《个体工商户登记管理办法》（2011）

[6]《中华人民共和国合伙企业法》（2007）

[7]《中华人民共和国个人独资企业法》（2000）

[8]《中华人民共和国公司法》（2016）

[9] 王华，卢卓主编. 创业实务 [M]. 北京：高等教育出版社，2015.

第三章　自我认知与生涯规划

> 知人者智，自知者明。胜人者有力，自胜者强。

> ——《道德经》

第一节 自我认知

一、何为自我认知

自我认知也叫自我意识，是个体对自己存在的觉察，包括对自己的行为和心理状态的认知，包括自我认知、自我体验、自我控制三种心理成分，以及生理自我、社会自我、心理自我三方面内容。

	自我认知	自我体验	自我控制
生理自我	对自己身体、外貌、衣着、风度、家属、所有物等的认识。	英俊、漂亮、有吸引力、迷人、自我悦纳等。	追求身体的外表、物质欲望的满足，维持家庭的利益等。
社会自我	对自己名望、地位、角色、性别、义务、责任、力量等的认识。	自尊、自信、自爱、自豪、自卑、自怜等。	追求名誉地位，与他人竞争，争取得到他人的好感等。
心理自我	对自己智力、性格、气质、兴趣、能力、记忆、思维等的认识。	聪明、能干、优雅、敏感、迟钝、感情丰富、细腻。	追求信仰，注意行为符合社会规范，要求智慧与能力的发展。

[美] 威廉·詹姆士（William James）

练一练

寻人启事

　　教师：全体学生每5至8人为一小组，每人写一张"寻人启事"，要寻找的人为本小组的人。寻人启事上不能出现这个人的名字，尽量介绍有关这个人的性格、气质等方面的特点，然后由同学猜一猜要寻的这个人是谁。

　　学生：组内交流，写在本页背面空白处。

　　教师：可以从同学们对自己评价的性格、兴趣等方面去认识自我。

寻人启事：请写下要寻找的这位同学的性格、气质等特点。

二、如何认知自我

1. 通过内省而获得自我认知，如"一日三省吾身"，"见贤思齐焉，见不贤而内自省也"……

2. 通过与他人比较而自知，如"夫以铜为镜，可以正衣冠；以古为镜，可以知兴替；以人为镜，可以明得失"……

3. 通过角色定位、角色期待、角色领悟与角色实践而自知，如"行有不得，反求诸己"……

4. 通过职业测评（心理测评）而自知，如 MBTI、九型人格等。

5. 通过了解他人对自己的评价而自知，如 360 度评价。

练一练

个人价值画布

从自己的所有角色中选一个自己最喜欢的角色，如班干部、团队负责人等，找出在这个角色上最有成就感的一件事情，分享给小组内的伙伴。可以根据下图的个人价值画布分析最有成就感的事情所体现的价值。

谁能帮助我	我要做什么	我有什么用	如何让他知道	我能帮助谁
	我有什么		如何给他	
我要付出什么		我能得到什么		

来源：子谦国际创业教育学院培训课程

案例思考

有一个王子，长得十分英俊，但却是一个驼背的人。他请了许多名医医治自己的病，也没有治好。这使王子非常自卑，不愿意在大众面前露面。国王见到这种情况非常着急，专程请教国中的一个智者，智者帮他出了一个主意。回来后，国王请了全国的雕刻家，刻了一座王子的雕像。刻出的雕像没有驼背，后背挺得笔直，脸上充满了自信，让人一见就觉得风采照人。国王将此雕像竖立在王子的宫前。当王子见到这座雕像时，他心中像被大锤撞击了一下，心理产生了强烈的震撼，竟流下泪来，国王对他说："只要你愿意，你就是这个样子。"以后王子时时注意着要挺直后背，几个月后，见到的人都说："王子的背比以前直多了。"王子听了这些话后更有信心了，以后更注意时时保持后背挺直。有一天，奇迹出现了，当王子站立时，他的后背是笔直的，与雕像一模一样。

点评：正确认识自我→积极悦纳自我→自觉调控自我→不断超越自我。

第二节 创业者

创业对于创业者来说是一项前所未有的事业，需要创新、创造，都需要寻觅机会、规避风险、获得回报。虽然创业者可以借鉴、模仿、学习前人的经验和方法，但是他们都必须从头做起，并承担着创造某种新事物的风险。创业者在付出努力、承担风险的同时，期待在事业成功之后获得较高的回报。这种回报可以是金钱，也可以是理想的实现，还可以是荣誉、成就感，得到认可和尊重。以下是作为创业者可能得到的回报和面临的挑战。

创业者可能得到的回报和面临的挑战

回 报	挑 战
高度独立性——不受限制的自由 能发挥各种各样的技能和才能 做决策的自由 只对自己负责 应对挑战的机会 成就感和自豪感 更大的资金回报的潜在可能性	必须习惯于变化和不确定性 必须做许多艰难的决策 可能会面临严峻的经济决策 必须习惯于承担风险 需要许多不同的技能和才能 必须习惯于潜在的失败

拓展阅读

全球创业观察

全球创业观察组织（The Global Entrepreneurship Monitor，GEM）发布的《全球创业观察 2016/2017 报告》显示：

创业社会价值评价　社会公众认为创业是一项好的职业选择的人群比例占 70.3%，排名 19/62；认为创业者享有较高社会地位的人群比例达到 77.8%，排名 18/62。

创业的自我感知　不惧怕创业失败的人群比例排名第 6/65，占比 49.1%，远高于效率驱动经济体的平均水平（33%）；但是感知到具备创业能力的人群比例较低（29.8%），排名 62/65。

本次报告是 GEM 连续 18 年跟踪调查各经济体的创业活跃度，评估创业者的特征、动机和抱负，社会对创业活动的态度，以及创业生态系统建设状况。本次报告的结果，基于 65 个经济体中完成的成人调查（年龄介于 18 至 64 岁）数据和 66 个经济体中完成的国家专家调查数据而成，涵盖了全球 69.2% 的人群，代表了全球 84.9% 的 GDP。

一、创业者特质

美国百森商学院（Babson）杰弗里·蒂蒙斯教授认为，成功创业者具有一些共同的态度和行为，并归纳为"六大特质"和"五种天赋"。

六大特质	五种天赋
责任感和决心	精力、健康和情绪稳定
领导力	创造力和革新精神
执著于商机	才智、智慧和概念化
对风险、模糊性和不确定性的容忍度	激励的能力
创造性、自立与适应能力	价值观
超越别人的动机	

练一练

创业者画像

将学生分成 5 至 8 人一组的学习小组，请每个同学在小组内分享其身边（同学、朋友、亲戚、邻居等）创业较为成功的人和故事，从故事中找出成功创业者身上 2 至 3 个最为关键的要素（素质／特质），写在下页的空白处，与小组成员分享。每个小组在分享讨论的基础上，在纸上画出团队成员心目中的创业者画像，并将创业者的典型特质标注在图画中的相应位置上。然后由每个小组的代表对自己团队的作品进行展示，教师再进行总结。

创业者画像：请写出成功创业者的关键要素，并描画出创业者的画像。

优秀职场人士的 16 个特征

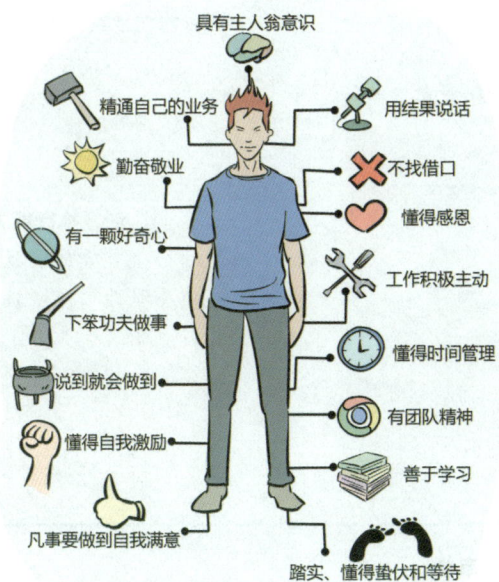

一个人没出息的 12 个特征

具有主人翁意识

精通自己的业务

用结果说话

勤奋敬业

不找借口

懂得感恩

有一颗好奇心

工作积极主动

下笨功夫做事

懂得时间管理

说到就会做到

有团队精神

懂得自我激励

善于学习

凡事要做到自我满意

踏实、懂得蛰伏和等待

VS

三分钟热度

自我设限

犹豫不决

害怕被拒绝

拒绝学习

逃避现实

懒惰

整天抱怨

拖延

恐惧

总找借口

整天吹牛却不见行动

点评：成功者总是相似。成功创业者与优秀职场人士都有着共同的特征。

二、关键创业能力

创业者创业过程的主要工作和需要具备的能力：创新能力、商机识别能力、商机评估能力、创意执行能力、资源整合能力。

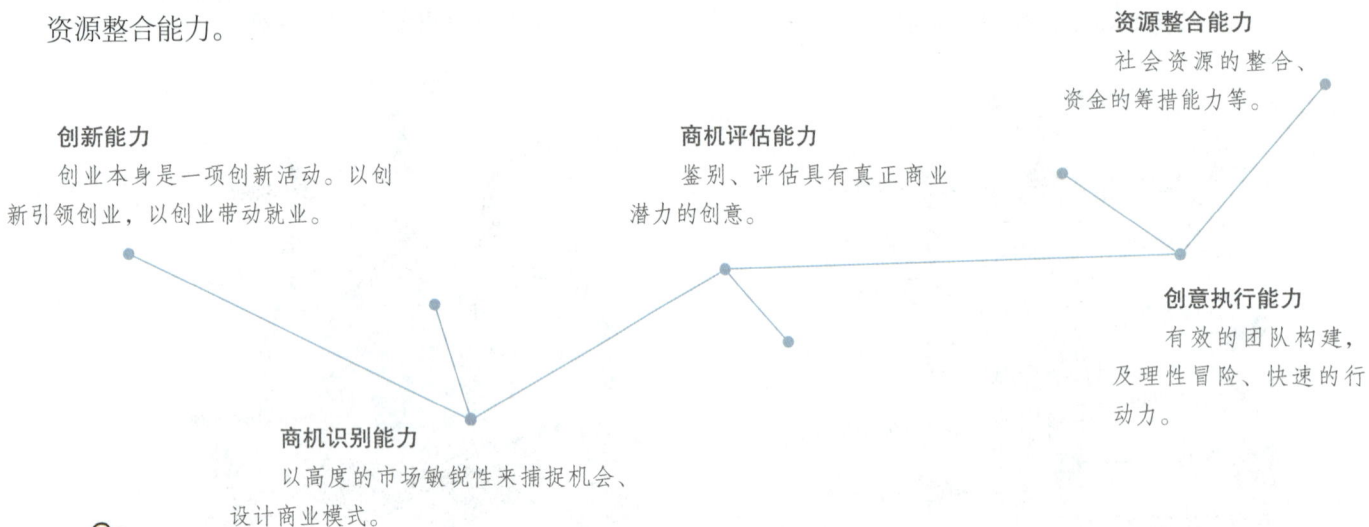

资源整合能力
社会资源的整合、资金的筹措能力等。

创新能力
创业本身是一项创新活动。以创新引领创业，以创业带动就业。

商机评估能力
鉴别、评估具有真正商业潜力的创意。

创意执行能力
有效的团队构建，及理性冒险、快速的行动力。

商机识别能力
以高度的市场敏锐性来捕捉机会、设计商业模式。

练一练

将自己作为创业者来审视

下列各题均有四个选择：A.是；B.多数；C.很少；D.从不。请据实完成以下各题。

（1）在急需做出决策的时候，你是否在想："再让我考虑一下吧？"（　）

（2）你是否为自己的优柔寡断找借口说："是得慎重考虑，怎能轻易下结论呢？"（　）

（3）你是否为避免冒犯某个或某几个有相当实力的客户而有意回避一些关键性问题甚至表现得曲意逢迎呢？（　　）

（4）你已经有了很多写报告用的参考资料，但仍责令下属部门继续提供？（　　）

（5）你处理往来函件时，是否读完就扔进文件框，不采取任何措施？（　　）

（6）你是否无论遇到什么紧急任务，都先处理琐碎的日常事物？（　　）

（7）你非得在巨大的压力下才肯承担重任吗？（　　）

（8）你是否无力抵御或预防妨碍你完成重要任务的干扰与危机？（　　）

（9）你在决定重要的行动计划时常忽视其后果吗？（　　）

（10）当你需要做出可能不得人心的决策时，是否找借口逃避而不敢面对？（　　）

（11）你是否总是在快下班时才发现有要紧事没办，只好晚上回家加班？（　　）

（12）你是否因不愿承担艰苦的任务而寻找各种借口？（　　）

（13）你是否经常来不及躲避或预防困难情形的发生？（　　）

（14）你总是拐弯抹角地宣布可能得罪他人的决定？（　　）

（15）你喜欢让别人替你做自己不愿做的事吗？（　　）

评分标准：A 记 4 分，B 记 3 分，C 记 2 分，D 记 1 分。

50-60 分：你的个人素质与创业者相差甚远；

40-49 分：你不算勤勉，应彻底改正拖沓、效率低的缺点，否则创业只是一句空话；

30-39 分：大多数情况下充满自信，但有时犹豫不决，不过没关系，有时候犹豫是成熟、稳重和深思熟虑的表现；

15-29 分：你是一个高效率的决策者和管理者，更是一个成功的创业者，具有良好的心理素质和坚忍不拔的毅力。

自我评价：你属于以上哪种情况，未来将如何改善？请写在以下空白处。

练一练：你将如何以一位成功创业者的标准来不断完善自己？请在空白处写下你的行动计划。

第三节　创业选择与生涯规划

对职业生涯的定义有多种，例如，

美国职业发展协会：职业生涯是指个人通过从事工作所创造的一个有目的、延续一定时间的生活模式。

中国职业规划师协会：职业生涯就是一个人的职业经历，它是指一个人一生中所有与职业相联系的行为与活动，以及相关的态度、价值观、愿望等连续性经历的过程，也是一个人一生中职业、职位的变迁及工作、理想的实现过程。

《现代劳动关系辞典》：职业生涯是一个动态的过程，它并不包含在职业上成功与否，每个工作着的人都有自己的职业生涯。职业生涯是一个人一生中在职业活动上的全部经历。

一、生涯规划及过程

职业生涯规划是指个人和组织相结合，对一个人职业生涯的主客观条件进行测定、分析的基础上，对自己的兴趣、爱好、能力、特长、经历及不足等各方面进行综合分析和权衡，结合时代特点，根据自己的职业倾向，确定其最佳职业奋斗目标，并为实现这一目标而做出行之有效的安排。

客观认识自我　　确定职业目标与路径　　与时俱进　灵活调整

① ③ ⑤

② ④

评估职业机会　　终身学习　高效行动

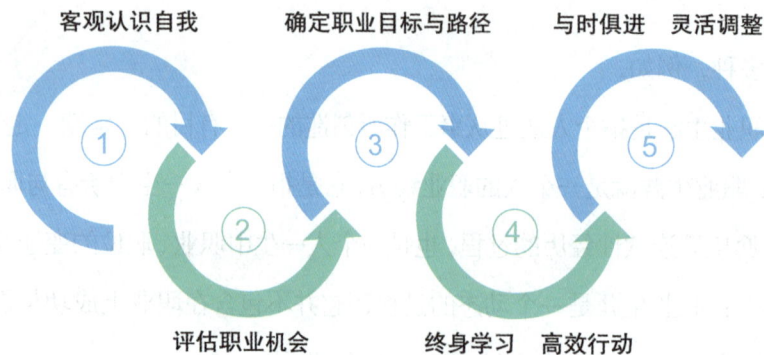

简而言之，职业生涯规划就是：知己、知彼，选择合适的职业目标和路径，并用高效行动去实现职业目标。

二、创业生涯规划

职业选择对一个人及社会有着极为重要的价值

对年轻人而言，职业选择是否适当，将影响其将来事业的成败及人生的幸福，正所谓"男怕入错行，女怕嫁错郎"；对社会而言，个人择业是否恰当，能决定社会人力供需是否平衡。

创业已成为大学生的重要职业选择方向

在大众创业、万众创新的众创时代，每个人都可以是创业者，或者是自主创办企业，或者是立足岗位干事业。创业是实践性很强的过程，要求创业者不仅要有创业精神、创新意识，同时还要具备足够的创业能力。

创业者应在实践中不断提升创业能力

当大学生选择了创业这个没有上司的职业后，成为自己工作的主导者，就需要自我管理、自我决策、自我规划。因此，应该积极开展创业实践锻炼，向成功的创业者学习，在实践中提升和练就自己发现问题、解决问题的创业能力。

相对于规划，大学生创业更要注重创业思维和行动！

序号	传统创业	精益创业
1	环境观：可度量、可预测、确定性	环境观：不可度量、不可预测、不确定性
2	以自我为中心开展创业：天才人物 + 天才构想	用户痛点和解决方案本质上是未知的
3	完美的计划和大规模投资	最小可行产品
4	有限参数 + 已知数据	行动大于计划
5	可以对未来进行准确的预测和分析	科学试错、快速迭代
6	从 1 到 N	从 0 到 1
7	预测	创造

在知识、技术、社会日新月异的众创时代，相对于传统创业思维，精益创业思维更值得借鉴，其核心思想是，先在市场中投入一个极简的原型产品，然后通过不断地学习和有价值的用户反馈，对产品进行快速迭代优化，以期适应市场。

三、创业选择与行动

尽管可能不是每一个人都适合创业，但却都应该具有创业的精神状态。对于想创业的大学生而言，可以从以下几个方面努力，为未来创业做一些准备。

培养兴趣/专长

执著、专注，培养自己的兴趣，学好专业技能，也许能帮你未来创业走得更好。

参加社会实践

积极参加社会实践，从小项目开始起步，获得更广的社会接触和市场认知，丰富你创业机会的来源。

强健体魄

加强身体锻炼，为创业准备更加健康的体魄，增强行动力。

寻找同道朋友

找到一群志同道合的朋友，与成功者同行，建立更广的社会联系。

创业教育交流

多接受创业方面的教育，积极参加创业大赛、创新创业交流活动。

与其规划，不如立刻行动。请制定成为积极创业者的年度行动策略，并与周围的同学交流。

描述现在的你			满意度 A 满意 B 一般 C 不满意

（续上表）

描述未来的你			自信度 A 自信 B 一般 C 不自信
行动策略	培养兴趣 / 专长		
	参加社会实践		
	强健体魄		
	寻找同道朋友		
	创业教育 / 交流		
	其他		

本章小结

只有正确认识自我，积极悦纳自我，自觉调控自我，才能不断超越自我！

成功者总是相似的。成功创业者与优秀职场人士都有着共同的特征！

相对于规划，大学生创业更要注重创业思维和行动！

创业者既要胸怀世界，又要注重点滴积累！

参考文献

[1]（美）海迪 M. 内克，帕特里夏，G. 格林，坎迪达 G. 布拉什 . 如何教创业：基于实践的百森教学法 [M] 机械工业出版社，2015.5.

[2] 吴晓义 . 创新思维 [M]. 清华大学出版社，2016.

[3] 蒂姆·布朗 [美].IDEO，设计改变一切 [M] 北京联合出版传媒（集团）股份有限公司，2011.5.

[4] 张凌燕 . 设计思维——右脑时代必备创新思考力 [M] 人民邮电出版社，2016.11.

[5] 胡飞雪 . 创新思维训练方法 [M] 机械工业出版社，2017.1.

[6] 张志强 . 创新创业怎么做：思维与方法 [M] 国家行政学院出版社，2017.7.

[7] 周苏，褚赟 . 创新创业：思维、方法与能力 [M] 清华大学出版社，2017.5.

第四章　创新思维方法

创新是企业家的具体工具，也是他们借以利用变化作为开创一种新的实业和一项新的服务的手段……企业家们需要有意识地去寻找创新的源泉，去寻找表明存在进行成功创新机会的情况变化及其征兆。他们还需要懂得进行成功创新的原则并加以运用。

——彼得·德鲁克

第一节　培养创新思维

案例思考

滴滴一下，让出行更美好

互联网的高速发展，正在加速改变着我们的衣食住行。在出行领域，直到 2012 年，滴滴打车和快的打车的相继成立，才有了实质性改变。2015 年 2 月 14 日，时值西方的情人节，滴滴、快的宣布合并，合并后的新公司成为全球最大的移动出行平台。2015 年 9 月 9 日，正值滴滴打车成立三周年之际，滴滴打车正式公布了全新品牌升级和标志，"滴滴打车"更名为"滴滴出行"并启用新 Logo——一个扭转的橘色大写字母 D。滴滴表示，新品牌代表着其服务于人们（People），用移动互联网创新思维（Innovation），来解决人们出行的痛点（Journey），从而让每一个人获得满意的体验（Smile）。滴滴希望通过提供不同的出行服务，让乘客享受到便捷、安全、有品质、服务好的体验。2016 年 8 月，滴滴出行收购优步中国。

2016 年 11 月，《财富》杂志将滴滴出行入选该杂志主持评选的"2016 年改变世界 50 家公司"榜单。《财富》认为，新一代的社会变革领袖，注重于将社会责任灌注于企业核心战略布局，"创造共享价值"。与传统企业在业务之外进行慈善与公益活动相比，共享价值型企业更能在充分的市场竞争中，在核心业务运营中直接创造可量化的社会影响。而滴滴充分符合以下"共享价值型"企业的标准，对全球环境或生活方式产生了切实的革命性影响；在创造社会价值的同时实现了商业成功和股东利益；具有引领行业的创新能力，包括与同行、政府和社会组织形成具有创新性的合作伙伴关系。创新正在改变这个时代。大学生创业更需要有创新意识、创新思维和创新能力。

众创时代，需要坚持以创新引领创业、创业带动就业，主动适应经济发展新常态，不断提升创新创业的质量和效益。大学生应培养创新思维，加强动手实践的能力，做新时代的创客。

一、有关创业的创新

经济学家熊彼特认为，所谓创新就是要"建立一种新的生产函数"，即"生产要素的重新组合"，就是要把一种从来没有的关于生产要素和生产条件的新组合引进生产体系中去，以实现对生产要素或生产条件的新组合。熊彼特进一步明确指出创新的五种情况：①采用一种新的产品；②采用一种新的生产方法；③开辟一个新的市场；④掠取或控制原材料或半制成品的一种新的供应来源；⑤实现任何一种工业的新的组织。因此，我们谈论的创新，不仅仅是技术的创新，还包括产品创新、市场创新、资源配置创新、组织创新，以及在经济社会发展各领域、各环节的创新。

"创新是引领发展的第一动力，是建设现代化经济体系的战略支撑。"党的十九大吹响了加快建设创新型国家的强劲号角。"创新驱动发展战略大力实施，创新型国家建设成果丰硕，天宫、蛟龙、天眼、悟空、墨子、大飞机等重大科技成果相继问世。"过去 5 年间，创新驱动可谓最大发展亮点之一。大学生创业创新不仅要关注技术领域的创新，还应该利用创新思维方法重视在产品、市场、商业模式、服务体系、品牌等方面的创新开拓，从而获得市场竞争力。

二、创新思维及其过程

创新思维（Innovation Thinking）是指创造性地解决问题的思维过程，通过这种思维能突破常规思维的界限，以超常规甚至反常规的方法、视角去思考问题，提出与众不同的解决方案，从而产生新颖的、独到的、有社会意义的思维成果。

创新思维过程　美国心理学家约瑟夫·沃拉斯在他的《思考的艺术》一书中，针对创造性思维提出准备、孕育、顿悟和验证"四阶段模型"。

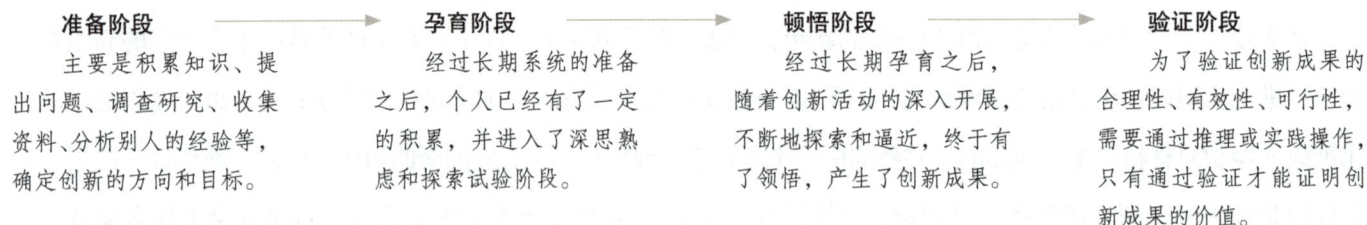

准备阶段	孕育阶段	顿悟阶段	验证阶段
主要是积累知识、提出问题、调查研究、收集资料、分析别人的经验等，确定创新的方向和目标。	经过长期系统的准备之后，个人已经有了一定的积累，并进入了深思熟虑和探索试验阶段。	经过长期孕育之后，随着创新活动的深入开展，不断地探索和逼近，终于有了领悟，产生了创新成果。	为了验证创新成果的合理性、有效性、可行性，需要通过推理或实践操作，只有通过验证才能证明创新成果的价值。

三、创新思维的特点

创新思维是以新颖独特的方法解决问题的思维模式，大学生创业者需要解决产品、盈利模式、融资等问题，如果能突破常规思维的界限，以超常规甚至反常规的方法和视角去解决问题，提出与众不同的方案，就会产生新颖的、独特的、有社会意义的创新产品。创新作为一种思维活动，既有一般思维的特点，又有一些独特之处，一般表现在以下几个方面。

特点	介绍
求异性	关注客观事物的不同性与特殊性，关注现象与本质、形式与内容的不一致性
联想性	利用已有的经验或发明创造来创新，"由此及彼、举一反三"
发散性	从一个点出发，任意发散，不加限制，是一种开放性的思维方法
综合性	把对事物各个侧面、部分和属性的认识统一为一个整体，从而把握事物的本质和规律的一种思维方法

独创性	提出新的创见、有了新的发现、实现新的突破，具有开拓性、延展性、突变性
灵活性	为解决问题，不断调整思路和方向，不受既有思维的约束

四、常见创新思维方式

心理学研究表明，大多数人在大多数情况下的思维形态，都是正向的、直线式的常规思维，要打破常规思维，则必须以发散的、收敛的和形象的等非常规的形态思考问题，为更好地了解创新思维，我们从以下四个常用的创新思维方式来分析。

常见创新思维方式

发散思维　　收敛思维　　形象思维　　逻辑思维

1. 发散思维

发散思维是沿着不同的角度和方向思考问题，突破惯性的限制，从多方面寻求多样性答案的思维方式，如："一题多解、一事多写、一物多用"等，实现举一反三、触类旁通的效果，大学生创业者在创业产品的开发和选择时可以从"一物多用"的角度来发散思考产品的功能性问题，来开发出独特功能的创新性产品。发散思维有流畅性、广泛性、变通性、独特性的特点。

特点	方法
流畅性	自由发挥观点，短时间内表达出尽可能多的思维观念
变通性	借助横向类比、跨领域、触类旁通等方法，从不同的角度和方向扩散思维
广泛性	使思维生发、扩展、深化，如用思维导图来延伸和提高创造性思维能力
独特性	具有不同寻常的、异于常人的思维能力

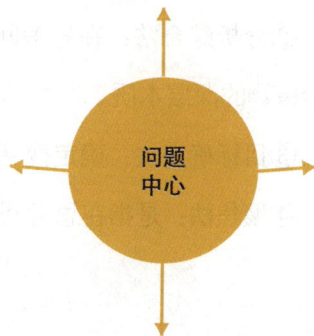

问题中心

利用发散思维法思考自行车防盗方法有哪些？做衣服可以用什么材料？

2. 收敛思维

与发散思维相反，收敛思维又称"聚合思维""求同思维""辐集思维"或"集中思维"，特点是使思维始终集中于同一方向，使思维条理化、简明化、逻辑化、规律化。创新思维一般需要先发散后收敛。如大学生创业者在思考商业模式的时候可以使用收敛思维，聚焦主题，摒弃表层问题，挖掘本质，找出核心盈利方式，确定自己的商业模式。

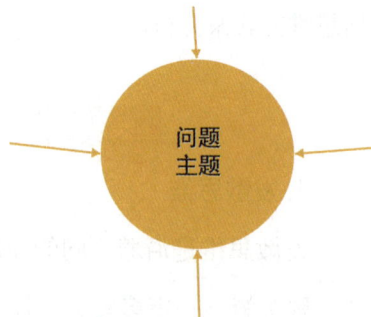

①聚合法：是把所有感知到的对象依据一定的标准"聚合"起来，显示它们的共性和本质。

②分析综合法：在思考问题时，层层分析，向问题的核心步步逼近，抛弃那些非本质的、繁杂的特征，以便揭示事物的深层本质。

③目标确定法：确定搜寻目标，进行认真的观察，作出判断，找出其中的关键。

④聚焦法：是指在思考问题时，有意识、有目的地将思维过程停顿下来，并将前后思维领域浓缩和聚拢起来，

以便帮助我们更有效地审视和判断某一事件、某一问题、某一片段信息。

3. 形象思维

形象思维是用直观形象和表象解决问题的思维。其特点是具体、形象。

①模仿法：以某种模仿原型为参照，在此基础之上加以变化产生新事物的方法。很多发明创造都建立在对前人或自然界的模仿的基础上，如模仿鸟发明了飞机，模仿鱼发明了潜水艇，模仿蝙蝠发明了雷达。

②想象法：在脑中抛开某事物的实际情况，而构成深刻反映该事物本质的简单化、理想化的形象。直接想象是现代科学研究中广泛运用的进行思想实验的主要手段。

③组合法：从两种或两种以上事物或产品中抽取合适的要素重新组合，构成新的事物或新的产品的创造技法。

④移植法：将一个领域中的原理、方法、结构、材料、用途等移植到另一个领域，从而产生新事物的方法。主要有原理移植、方法移植、功能移植、结构移植等类型。

4. 逻辑思维

逻辑思维是借助于概念、判断、推理反映现实的思维过程，是用科学的抽象概念、范畴揭示事物的本质，表达认识现实的结果。在逻辑思维中，要用到概念、判断、推理等思维形式和比较、分析、综合、抽象、概括等方法，而掌握和运用这些思维形式和方法的程度，也就是逻辑思维的能力。

①分析与综合：分析是在思维中把对象分解为各个部分或因素，分别加以考察的逻辑方法。综合是在思维中把对象的各个部分或因素结合成为一个统一体加以考察的逻辑方法。

②分类与比较：根据事物的共同性与差异性就可以把事物分类，具有相同属性的事物归入一类，具有不同属性的事物归入不同的类。比较就是比较两个或两类事物的共同点和差异点。

③归纳与演绎：归纳是从个别性的前提推出一般性的结论，前提与结论之间的联系是或然性的。演绎是从一般性的前提推出个别性的结论，前提与结论之间的联系是必然性的。

④抽象与概括：抽象就是运用思维的力量，从对象中抽取它本质的属性，抛开其他非本质的东西。概括是在思维中从单独对象的属性推广到这一类事物的全体的思维方法。

第二节　创新思维技法

创新思维不是先天形成的，后天也可以培养。大学生创业者在创业过程中会遇到各种问题，小组或团队需要开会讨论解决问题，使用诸如"头脑风暴""5W2H"等技法，可以产生思维碰撞，寻找更好的解决方案。以下介绍 5 种常用的创新思维技法。

创新思维常用技法

头脑风暴法　　检核表法　　5W2H 法　　希望点列举法　　组合法

一、头脑风暴法

头脑风暴法是美国著名的创意思维大师奥斯本（Osborn）在20世纪30年代创立的。头脑风暴法又称智力激励法、自由思考法等，是一种重要的激发灵感的方法，常常是为解决一个问题、萌发一个好创意而集中一组人同时思考某事的方式。

头脑风暴法组织群体决策时，要集中组员召开专题会议，主持者以明确的方式向所有参与者阐明问题，说明会议的规则，竭力创造融洽轻松的会议气氛。组员们自由提出尽可能多的解决问题的方案。

从明确问题到会后评价，头脑风暴法有三个阶段。

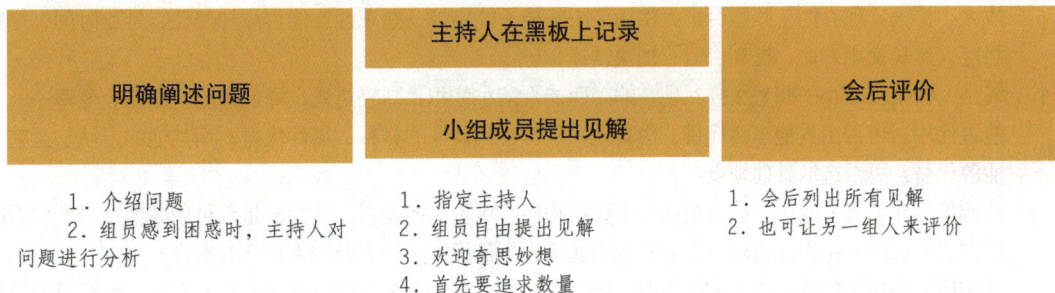

明确阐述问题	主持人在黑板上记录	会后评价
	小组成员提出见解	

1. 介绍问题
2. 组员感到困惑时，主持人对问题进行分析

1. 指定主持人
2. 组员自由提出见解
3. 欢迎奇思妙想
4. 首先要追求数量

1. 会后列出所有见解
2. 也可让另一组人来评价

二、检核表法

在实际解决问题的过程中，根据需要创造的对象或需要解决的问题，先列出有关的问题，形成检核表，然后逐项加以讨论、研究，从中获得解决问题的方法和创造发明的设想。奥斯本提出了分项检查法，也有的将它译成"检核表法""对照表法"。

序号	检核项目	方法
1	能否他用	现有的东西（如发明、材料、方法等）有无其他用途？保持原状不变能否扩大用途？稍加改变，有无别的用途？
2	能否借用	能否从别处得到启发？能否借用别处的经验或发明？外界有无相似的想法，能否借鉴？过去有无类似的东西，有什么东西可供模仿？谁的东西可供模仿？现有的发明能否引入其他的创造性的设想之中？
3	能否改变	现有的东西是否可以做某些改变？改变一下会怎么样？可否改变一下形状、颜色、音响、味道？是否可以改变一下意义、型号、模具、运动形式？……改变之后，效果又将如何？
4	能否扩大	放大、扩大。现有的东西能否扩大使用范围？能不能增加一些东西？能否添加部件，延长时间，增加长度，增加强度，延长使用寿命，提高价值，加快转速……
5	能否缩小	缩小、省略。缩小一些怎么样？现在的东西能否缩小体积，减轻重量，降低高度，压缩、变薄……
6	能否替代	能否代用。可否由其他东西代替，由其他人代替？用其他的材料、零件代替，用其他的方法、工艺代替，用其他能源代替？可否选取其他地点？
7	能否调整	从调换的角度思考问题。能否更换一下先后顺序？可否调换元件、部件？是否可用其他型号？可否改成另一种安排方式？原因与结果能否对换位置？能否变换一下日程？……更换一下，会怎么样？
8	能否颠倒	从相反方向思考问题，启发人的思路。倒过来会怎么样？上下是否可以倒过来？左右、前后是否可以对换位置？里外可否调换？正反是否可以调换？可否用否定代替肯定？……
9	能否组合	从综合的角度分析问题。组合起来怎么样？能否装配成一个系统？能否把目的进行组合？……

三、5W2H 法

5W2H 法是第二次世界大战中美国陆军兵器修理部首创的。简单、方便，易于理解、使用，富有启发意义，广泛用于企业管理和技术活动，5W2H 法的创造者提出 7 个问题，其中 5 个是英语字母 W 开头的，两个是英语字母 H 开头的，故称"5W2H"核检表法。

使用方法：按照以下几个角度来提问，抓住主要矛盾进行分析思考，形成解决方案。

序号	核检类别	核检内容
1	WHY	为什么？为什么要这么做？理由何在？原因是什么？
2	WHAT	是什么？目的是什么？做什么工作？
3	WHO	谁？由谁来承担？谁来完成？谁负责？
4	WHEN	何时？什么时间完成？什么时机最适宜？
5	WHERE	何处？在哪里做？从哪里入手？
6	HOW	怎么做？如何提高效率？如何实施？方法怎样？
7	HOW MUCH	多少？做到什么程度？数量如何？质量水平如何？费用产出如何？

四、希望点列举法

希望点列举法是由美国内布拉斯加（Nebrasa）大学的克劳福特（Robert Crawford）发明。这是一种不断提出希望，怎样才会更好，进而探求解决问题和改善对策的技法。此法是通过提出对该问题的希望或愿景，使问题和事物的本来目的聚合成焦点来加以考虑的技法。

使用方法：

1. 召开希望点列举会议，每次 5 至 10 人参加。

2.会前由主持人选择一件需要革新的事情或者事物作为主题，随后发动与会者围绕主题列举各种改革的希望点，为激发与会者产生更多的改革希望，可将各人提出的希望用小纸片写出，公布在黑板上，并在与会者之间传阅，会议一般1至2小时，产生50至100个希望点即可结束。

| 确定对象和目标 | → | 尽可能多地列举希望点 | → | 分析确定主要的希望点 | → | 制定实现希望的方案 |

五、组合法

组合法即将两种或两种以上的学说、技术、产品的一部分或全部叠加组合，用以形成新学说、新技术、新产品的创新思维方法。

表4.1　各式组合法

方式	原理	使用方法
主体附加	在原有的事物中补充新内容，在原有的产品上增加新附件	（1）选定一个主体（2）分析主体缺点（3）对主体提出希望（4）在不改变主体情况下，增加附加物弥补缺陷或实现希望。
异类组合	两种或两种以上不同领域的思想、理论方法的组合，或不同功能的产品组合	功能组合、原理组合、意义组合、构造组合、成分组合、材料组合等。
辐射组合	以一种新事物为中心，将其原理、结构、材料等应用到多种事物中的方法。辐射源为新事物	确定辐射源后，充分运用扩散思维，从已有的信息出发，向四周扩散。
同物组合	相同事物的组合，如情侣表、子母电话机等	组合后，在保留原有功能和意义的前提下，增加了新的功能和意义。

案例思考

全球首款测温变色 T 恤中山造

记者从 4 月 26 日上海世博会上举行的世博创意服装发布会上获悉，由沙溪理工学校、中山市休闲服装工程研究开发中心设计开发的 167 款 T 恤和衬衣正式亮相，其中一款测温变色 T 恤的设计成为全球首创。

站在这款全球首创的测温变色 T 恤前，中山市休闲服装工程研发中心主任金宗武介绍，它的主要功能体现在印花上，其设计效果相当先进。"当人体体温超过 38 摄氏度时，它就逐渐变色。如果孩子穿着这款衣服，一旦感冒发烧，家长马上就知道了。"

据悉，沙溪理工学校在 3 月份举行的世博服装设计竞标中，以独特的设计理念胜出，其共推出五大休闲服饰品牌系列，其中世博元素类、格仔衬衣类、测温变色类、间条衬衫类和都市休闲类服饰全部使用环保、健康、低碳的竹棉纤维材料和曲线立体材质。

金宗武还告诉记者，从 5 月 1 日起，游客可以在世博园区的中国馆和国际馆展厅购买这些产品。"尤其是测温变色 T 恤，我们要通过世博会进行重点推介，以抢占市场，将中山休闲服装推向全球。"目前，该校还在抓紧为测温变色 T 恤申请专利，并计划申请吉尼斯纪录。

（来源：《中山日报》 2010 年 4 月 28 日）

> **思考：**沙溪理工学校世博服装的设计体现了何种创新思维方法？

融入大湾区"创新圈" 中山如何再造"创新链"？

"我们把防水、透气的金属纺织纤维与心率监控芯片技术相结合，对所有人群实现 24 小时心率监测，为运动、医疗提供完整的数据分析。"中山联速集成电路有限公司（以下简称"联速科技"）项目负责人张凯钧介绍，这款看起来并不出奇的衣服，是全球第一款专业心电智慧衣。

张凯钧的父辈是多年在中山打拼的台商，20 多年来长期为 CK、Polo 等国际服装品牌供货，但面对制造业成本上涨的困境，张凯钧说他必须要用科技打破发展僵局。毕业于英国伦敦大学信息所的张凯钧，积极与台大医院、台湾纺织产业综合研究所合作，在已是红海的智能可穿戴医疗设备领域中冲出了一片新天地。

"智慧衣布料采用咖啡渣作为生产原料，多年来在成衣制造行业拥有的成熟技术，如今也拥有了新的施展空间。"张凯钧说，心电智慧衣的所有专利成果，均已经在大陆注册，产品也已打入欧盟、美国市场，插上科技翅膀的传统制造业为之焕然一新。

近年来，中山市通过出台鼓励政策、加速布局创新平台、培育高新技术企业等举措，在民营企业创新转型考题上取得成效，2016 年高企数量增速全省第二。

（来源：《南方日报》2017 年 9 月 18 日）

拓展阅读

"互联网+"促生新经济

国发〔2015〕40号《国务院关于积极推进"互联网+"行动的指导意见》指出，要顺应世界"互联网+"发展趋势，充分发挥中国互联网的规模优势和应用优势，推动互联网由消费领域向生产领域拓展，加速提升产业发展水平，增强各行业创新能力，构筑经济社会发展新优势和新动能。坚持改革创新和市场需求导向，突出企业的主体作用，大力拓展互联网与经济社会各领域融合的广度和深度。

"互联网+"行动提出了"互联网+"创业创新、协同制造、现代农业、智慧能源、普惠金融、益民服务、高效物流、电子商务、便捷交通、绿色生态、人工智能等11项重大行动，涵盖经济社会生活的主要方面，也为经济社会创新发展指明了方向。

"互联网+"行动计划提出，到2025年，网络化、智能化、服务化、协同化的"互联网+"产业生态体系基本完善，"互联网+"新经济形态初步形成，"互联网+"成为经济社会创新发展的重要驱动力量。

> **思考：**互联网+"对大学生创业有何帮助？如何利用"互联网+"来实现产品、服务的创新？

第三节　创新成果保护

一、创新成果及分类

创新成果即为创造性活动取得的成果，创新成果即指人为达到一定的目的，遵循事物发展的规律，对事物的整体或其中的某些部分进行变革，从而使其得以更新与发展的活动。

随着高校对大学生创新活动的大力支持和鼓励政策的不断完善，大部分高校都开设了创新创业教育课程，越来越多的大学生参与到创新活动中来，涌现了一大批创新成果。当前大学生创新成果数量和层次不断增加，但大学生并未真正走向社会，创新成果保护意识不强。有志于创业的大学生特别要认识到创新成果保护的重要性，明白创新与保护的利害关系。

创新成果的分类

知识创新成果

知识创新成果是指通过各种研究获得新的技术科学和基础科学知识，这种研究包括应用研究和基础研究。

技术创新成果

技术创新成果是指企业为占据市场并实现市场价值，将创新的知识、新技术、新工艺加以应用，在经营管理模式和生产方式上革新，从而提高产品质量，开发生产新的产品，提供新的服务。

创新成果分类

制度创新成果

制度创新成果是指在人们现有的生产和生活环境条件下，为实现社会的持续发展和变革，创设新的、更能有效激励人们行为的制度。所有创新活动都源于制度创新，通过制度创新固定下来，并以制度化的方式持续发挥着自己的作用。

二、创新成果保护

《国务院关于新形势下加快知识产权强国建设的若干意见》提出"加强新业态新领域创新成果的知识产权保护。"要求贯彻中央多次提出的"加强知识产权保护"的要求，适应大众创业、万众创新的新形势，为催生更加蓬勃的创新创业热潮奠定坚实的基础。大学生创业者要学会保护自己的创新成果，积极在政策和法规范围内保护自己的利益，一般有以下几种常见的创新成果保护方式。

1. 专利保护

专利一般是由政府机关或者代表若干国家的区域性组织根据申请而颁发的一种文件，这种文件记载了发明创造的内容，并且在一定时期内产生这样一种法律状态，即获得专利的发明创造。在一般情况下，他人只有经专利权人许可才能予以实施。在我国，专利分为发明、实用新型和外观设计三种类型。

发明是指对产品、方法或者其改进所提出的新的技术方案。

实用新型是指对产品的形状、构造或者其结合所提出的适用于实用的新的技术方案。

外观设计是指对产品的形状、图案或者其结合以及色彩与形状、图案的结合所作出的富有美感并适于工业应用的新设计。

2. 商标和服务标志保护

商标是商品的生产者、经营者或服务的提供者在其所提供的商品或服务上使用的，由文字、图形、字母、数字、三维标志、颜色等要素组合构成的，用以区别商品或服务来源的标志。商标法是被用来预防他人使用相似的标志而造成消费者混淆，但它无法预防他人在不同商标下，制造或销售相似的产品或服务。

3. 著作权保护

著作权是一种民事权利，也称"版权"，是指作者及其他权利人对文学、艺术和科学作品依法享有的人身权和财产权的总称。著作权保护是在成品第一次以复制品或录音物形式被创造时，即自动产生著作权效益。著作权的产生并不需要向版权局公开或登记，但登记著作权将有利于著作者。

4. 企业秘密

企业秘密是企业经营者在长期的实践中积累起来的，是付出大量的人力、物力、财力和巨大的智力投资形成的重要成果，是企业重要的无形资产，是不为公众所知悉，能为企业带来经济利益，具有实用性并经企业采取保密措施的技术信息和经营信息。创业者应分辨哪些属于企业秘密，并养成好的保密意识和采取科学的保密措施。

案例思考

可口可乐公司的保密配方

可口可乐作为全世界无处不在的品牌碳酸饮料，近百年来始终屹立不倒，成为行业翘楚。可口可乐能在激烈的市场竞争中始终保持不败的关键在于它的"保密配方"。

根据公司网站的记录，最早的配方写成于1919年。在1919年之前，配方都是口口相传。

1919年，一个名叫Ernest Woodruff的商人率领一群投资商买下了这份配方，因此配方也终于被书写在纸张之上。"作为附加条件，Pemberton（配方发明者）将可口可乐的保密配方写在纸上。"可口可乐公司的网站上如此写道。从20世纪二十年代开始，这份保密配方就一直被紧锁在亚特兰大的某家银行之中。86年后，可口可乐公司决定将保密配方作为卖点宣传，遂将配方转移至可口可乐公司在亚特兰大的博物馆。博物馆的安保非常到位，和电影中看到的一样，配有掌纹识别系统门禁、无数密码门禁还有厚重的钢铁大门守护。在厚墙之中是另一个保险柜，安全性能更高。在保险柜里面，是一个装着"全世界保卫最森严的商业机密"的金属盒。可口可乐公司对外一直宣称只有公司的两位资深高层知晓配方，但是公司始终没有公布这两个人的名字或者他们身在何处。从一个有关配方的广告中我们得知，知晓配方的这两个人不允许搭乘同一架飞机旅行。

可口可乐公司从未将配方注册专利，因为这样意味着要公开配方。一旦专利失效，任何人都可以按照配方制造出原汁原味的世界著名饮料。

几十年中不断有各种配方出现，配方作者往往声称自己拿到了古董级的配方文件，已经破解了可口可乐的原始配方。但是直到现在，可口可乐公司只承认自己的配方是"唯一真正配方"。当然，也有人对此表示怀疑：可口可乐公司对配方保密，一方面是为了借助神秘营销增加销量、扼杀竞争，另一方面不让消费者清楚配方，也就能隐瞒他们使用的便宜原料和巨额的利润。

思考与训练

1. 请利用创新思维的有关方法，如核检表法等，对你身边的产品进行创新、优化，并与小组成员一起讨论。

2. 请思考如何利用组合思维方法对产品或服务进行创新，获取创业机会？

本章小结

创新能力是可以学习和训练的，而创新又是有规律可循的。

大学生创业应该培养自己的创新思维，利用创新技法来设计创新的产品和服务模式，实现创新引领创业。

创业者可以通过申请专利、商标、著作权以及采取企业秘密保护措施等，保护创新成果。

参考文献

[1] 吴晓义. 创新思维 [M]. 北京：清华大学出版社，2016.

[2] 胡飞雪. 创新思维训练与方法 [M]. 北京：机械工业出版社，2009.

[3] 李存金. 大学生创新思维能力培养的实践途径与机制 [J]. 创新与创业教育，2013.

[4] 梁佩莹. 大学生创新思维能力的培养 [J]. 产业与科技论坛，2016.

[5]《中华人民共和国专利法》

[6]《中华人民共和国商标法》

[7]《中华人民共和国著作权法》

第五章　获取创业机会

善于识别与把握时机是极为重要的。在一切大事业上，人在开始做事前要像千眼神那样察视时机，而在进行时要像千手神那样抓住时机。

——培根

胡润和百富榜

胡润，1970 年出生于卢森堡，毕业于英国杜伦大学，专业学的是中文。1990 年，他来到中国留学，后来就留在安达信会计师事务所上海分部工作，成为一名会计师。那段时间，胡润遇到了一件麻烦事：每次休假回到英国，大家都会很好奇地问他，中国是什么样的？这个问题看似简单，不过还真是难以回答，关键是没有标准，偌大一个中国，5000 年历史，13 亿人口，告诉你什么呢？胡润为了这个事特别烦恼："你一个在中国留学的人，连这么个简单的问题都回答不了，你这个学上到哪里去了。"每次回国，胡润都要受这种刺激。1999 年，正好是中华人民共和国成立 50 周年。胡润想，我给你介绍 50 个中国特别成功的人，不就可以让你知道新中国成立 50 年来的变化了吗？基于这样的想法，胡润后来推出了百富榜。

要想让人们知道这样一份榜单，从而知道制作这份榜单的人，胡润明白，必须找到有影响力的传播途径。1999 年 9 月 1 日，胡润回到英国，给英国《金融时报》《经济学人》《商业周刊》《福布斯》等专业财经媒体发去了传真，希望可以刊登他的这份榜单。当时西方媒体从未刊登过类似的排名榜，最终，《福布斯》与胡润共进了这第一道"螃蟹餐"。

胡润最初的想法，就是创制出榜单，将中国经济的变化讲成故事。因为人们感兴趣的是故事，富豪榜上虽然只有名字和生硬的数字，但它本身就是故事。随着中国在世界的地位日益提高，越来越多的人对中国感兴趣，他们可以通过百富榜来了解中国，了解中国人，百富榜可以成为他们的参考之一。这就是百富榜的社会价值体现。

榜单立名，延伸产品获利。胡润将他的各类榜单、杂志和书籍称为"产品"。胡润对自己的商业模式并不回避。他说："我们的盈利基本来自两方面，一方面是论坛、晚宴等活动；另一方面是我们自己创办的为高端人士提供服务的杂志——《胡润百富》的广告。"当然，胡润的走穴收入、百富榜冠名等收入也是其重要盈利来源。

2004 年之后，胡润开始创新性地将富豪榜细分出了 IT、能源、金融、零售、房地产、医疗、钢铁、服装和餐饮等行业，一系列子榜单如雨后春笋般在国内萌生。

冲着富豪们关注的胡润杂志和活动，胡润广告收入源源不断。凭借杂志和书籍等出版物，以及一系列论坛、社会活动和精英会等诸多产品，胡润人气越来越旺。

思考（指引）：

1. 胡润的商业机会来自哪里？

（为了解答外国人的疑惑：中国什么样？）

2. 作为创业者，可以从哪些方面获得商业机会？

（学习模仿、破解问题、调查分析、开发特质、把握变化以及创新整合等。）

3. 一个商业机会要解决哪几方面的问题？

（创业者自身获得经济收益；满足市场需求，为顾客提供有价值的产品或服务。）

第一节 认知创业想法

创业想法（Idea）就是对一个人或者组织识别机会或在环境中发展需求（市场、团体等）的回应。创业想法是创业商机的源泉。创业想法→创业备选项目→创业商机，这是创业商机获得的"三部曲"。

一个创业想法包括如下内容：

– 你的企业将销售什么产品或服务？

– 你的企业将向谁销售产品或服务？

– 你的企业将如何销售产品或服务？

– 你的企业将满足顾客哪些需要？

思考（指引）：请尝试着用最简洁的语言来描述你的创业想法，让你的朋友或同学能很快地明白你的想法。

大学校园奶茶店

你的企业将销售什么产品或服务？

销售新鲜奶茶，代销情侣礼品：鲜花、首饰、情侣服装等产品，送货上门服务，连锁加盟，提供设备耗材、原材料，技术培训，收取广告费，收取租金等。

你的企业将向谁销售产品或服务？

在校师生，鲜花、首饰、情侣服装等产品供应商，广告商、租赁者等。

你的企业将如何销售产品或服务？

现场销售与服务，办理会员，口碑效应，微信营销，提供加盟连锁，形成品牌，为加盟商提供设备耗材、原材料，为加盟商提供技术培训，为广告商进行宣传、为租赁者提供场地。

你的企业将满足顾客哪些需要？

满足在校师生的购买奶茶需求，满足情侣礼品购买需求，满足师生送货上门服务，满足其他创业者的加盟需求，满足广告商的宣传需求，满足租赁者的场地需求等。

机会是客观存在的还是人为创造的呢？发现理论和创造理论对创业机会的来源作出了不同的界定。发现理论者认为创业机会是客观存在的，产生于市场的客观外生冲击，有待市场敏锐的创业者去发现。创造理论者认为机会是内生的，是创业者主动创造的。

现代管理学之父彼得·德鲁克（Peter F. Drucker）认为，大部分创意来自刻意、有目标地寻求问题的解答或取悦顾客的机会，来源于七个方面：①意外之事，②不协调，③程序需要，④产业和市场结构的变迁，⑤人口的变化，⑥知识、价值观、情感的变化，⑦新知识、新技术的产生。

创业教育权威杰弗里·蒂蒙斯（Jeffry A.Timmons）认为，创业想法主要是来自改变、混乱或是不连续的状况。这种变化、混乱及不连续的根源在于七个方面：①法规的变化，②技术的快速变革，③价值链和分销渠道的重构，④技术创新，⑤现有管理者和投资者管理不善，⑥新的创业领导权，⑦市场领导者的短视。

综合专家学者对于创业想法来源的观点，并结合实践中大学生获得创业想法的途径，认为大学生可以从以下几个方面获得一些创业的想法和思路。

创新整合获得
创业想法

调查分析获得
创业想法

学习模仿获得
创业想法

把握变化获得
创业想法

破解问题获得
创业想法

开发特质获得
创业想法

同时，有学者认为，影响创业者获得创业想法的因素主要有四个方面：①先前经验，②认知因素，③社会关系网络，④创造性。

第二节 获取创业想法

一、学习模仿获得创业想法

大学生创业在没有获得创新性突破前，可以从模仿开始，通过模仿积累经验，在模仿的过程中进行学习和微创新，关键是让自己先行动起来。

简单复制

照抄照搬别人的想法，如淘宝人卖亦卖、追踪爆款，连锁加盟等。

异地推广

将产品或服务引入、推广到其他地方去发展，获得新的市场机会。

差异模仿

在模仿的基础上结合实际进行调整和微创新，因人、因地、因时制宜。

重新组合

将若干种产品或服务组合成一个新的产品或服务项目。

模仿是迅速开展创业行动的钥匙。模仿不是简单地照搬照抄。如果在模仿的过程中，结合自己的实际情况，勤动脑，不断修正、反馈，在某些方面比被模仿对象做得更出色，那么就容易取得成功。

二、破解问题获得创业想法

问题即机会。别人的报怨、问题、痛点等都意味着现有的产品和服务不能满足他们的需要，如果我们能想办法设计出一种能够满足他们需要的产品／服务，我们就抓住了机会。在此，可以采用设计思维的方式帮助我们找到创业的想法和机会，大概可以分三步走。

①移情（找出痛点）

以同理心去观察、收集、发现别人的抱怨、问题，或者针对相应的场景、情景去感受、体验其中的不足，获得市场痛点

②问题重构（解决方案）

针对发现的问题和找到的痛点，通过头脑风暴等方式，提出多种解决方案，在小组内分享、碰撞，从技术、商业、市场可行性等方面找到认可度最高的解决方案，进行问题重构。

③用户测试（机会评价）

用角色扮演、故事板或产品原型的方式，展示产品或服务的细节，提出解决问题的方案，征求潜在客户的意见，进行机会评价。

作为新时期的大学生创业者，应保持乐观积极的心态，时刻怀揣一颗为别人排忧解难的心，专注于解决令人"苦恼的事""困扰的事"，这样我们就能在别人的报怨、问题中发现机会。

问题导向是创业想法产生的价值源泉。创业者可以尝试利用一些结构化的方法来分析周围可能存在的问题，分析其原因，并找到解决的办法和创业的想法。

练一练

请从衣食住行或吃喝玩乐游等方面分析你所在的学校或社区里，大家都对哪些问题不满意。小组一起讨论，从而帮助你找到可能的创业想法。

因素	人们对什么不满意	为什么会不满意	创业想法
衣			
食			
住			
行			
精神文化			
物质文化			
…			

对社会热点漠不关心，对他人不满无动于衷，就是对机会熟视无睹！

三、调查分析获得创业想法

商机都在市场中。若想获得创业想法，我们可以通过观察法、体验法、访谈法、问卷法，浏览与行业有关的图书、杂志、网站，参加行业研讨会和展览会来增进对市场的了解，获得商机信息，捕捉创业灵感。

调研方法	调研对象	调查的目的与含义
观察法	社区环境	观察企业所在社区的特点并发现创业思路
	顾客	观察顾客购买行为，发现购习惯并发现创业思路
	竞争者	观察竞争者的行为并发现创业思路
	产品	观察市场提供的产品与服务情况并发现创业思路
	价格	观察产品与服务的价格并发现思路
体验法	服务质量	身临其境体验服务质量并发现创业思路
	产品特色	身临其境体验产品特色并发现创业思路
	营销方式	身临其境体验营销方式并发现创业思路
询问法	顾客满意度	询问顾客有什么不满意并发现创业思路
	成功者经验	请教成功者并发现创业思路
	失败者教训	请教失败者并发现创业思路
	竞争者的经历	向经营者咨询竞争状况并发现创业思路

练一练

请分组搜集所在地区或感兴趣的行业未来一年的重要展会信息，按时间顺序制表描述开展时间、地点、主要内容及展会特色等，并为自己制订一个参展学习的计划。

四、开发特质获得创业想法

每个人或多或少都有属于自己的特质资源（特有的兴趣、经验、技能、人脉等），只是大多数时候未被有效地开发、转化为创业的竞争优势。创业者应对自己的特质资源进行优劣势的自我审视和分析，一是为了发现创业者的优势资源，将资源优势转化为创业优势，并作为创业项目选择的依据；二是根据自己的资源状况，重新进行资源整合，形成创业优势。

整合特质资源形成创业想法	
审视自身特质资源（优劣势）	
有形资产资源：现金、房屋、材料等	
无形资产资源：特殊技能、秘方、经营权等	
社会关系资源：亲属、朋友、同学等	
人际交往资源：人缘、交际能力等	
体力资源：力量、速度、耐力、灵活性等	
脑力资源：计算、语言、悟性、记忆力等	
技术资源：销售、烹饪、修车、养殖、品茶等	
兴趣资源：美食、骑行、垂钓、球类运动等	
经验资源：某行业销售、经商、管理等经验	

五、把握变化获得创业想法

孙子曰："知彼知己者，百战不殆；不知彼而知己者，一胜一负；不知彼不知己，每战必殆。"创业者应正确清楚地认识自己所处的环境，并及时捕捉环境变化过程中转瞬即逝的机会。创业者可以通过把握宏观环境或者行业环境的变化获得创业想法，其中：宏观环境的变化可以借助 PEST 分析工具，而行业环境的变化则可借助波特五力模型来分析。

Political- 政治法律环境	Economic- 经济环境
国家政体	人口 / 收入 / 增长
方针政策 / 法律法规	经济发展水平
政治局势	国家经济形势
国际关系	经济基础结构
……	……
教育发展程度	民族特征 / 人口状况
科学技术成果	宗教信仰 / 风俗习惯
技术发展趋势	生活方式 / 价值观念
……	……
Technological- 技术环境	Social- 社会文化环境

练一练

机会漫步寻找创业机会

运用布拉德利·乔治（Bradley George）的"机会漫步"方法，再结合头脑风暴等方法，也是寻找创业机会的有效途径。

第一步：请学生拿出笔和纸，准备好后，由老师带领走到教室外。待学生集合完毕，让他们告诉老师他们看到了什么。（他们一般会说"草""树""建筑""天空"之类的事物。）

第二步：让他们环顾四周，观察周围的一切事物，并尝试看尽可能多地想出眼前的事物与未来的公司有何关联。老师可以给出与他们最初看到的事物相关的例子给予帮助。如果他们表示看到了树和草，老师可以暗示这涉及培养草籽的公司、割草的景观公司以及种植花草树木的苗圃等。给学生5分钟确定公司并做好记录。可以要求学生想出20个、50个甚至更多的公司，以激发他们思考。

第三步：选几名学生说出他们确定的公司，并把这些公司写在黑板上。可以让学生思考与此相关以及提供支持的其他公司。比如如果有位学生提到制造并安装户外灯杆的公司，你就可以询问制作电线的公司或提供灯杆的公司等。

第四步：让学生分组并从他们的公司清单中选出一家公司，要求他们想出能让该公司发展得更好或其他与众不同的方法。这时，重要的是不要受限于他们所认为的可能性，要提醒他们可能有些技术他们并不了解，所以他们应该试着想出更理想的方法，并进行分享。

第五步：让学生讨论其新概念对潜在顾客的价值，并想出确实能提供这种价值的方法。举一个最初看起来不切实际的例子。例如，一名学生提出了一个钥匙链创意，这种钥匙链可以让汽车消失后重新出现，这样便不用找车位。问问学生这个新想法的价值是什么（减少找车位时间），然后举例说明可以提供同样价值的众多方法（比如，可以展示日本停有几百辆车的自动车库的照片——车钥匙可以给车库发出取车信号——存储关于位置信息的信号）。

　　第六步：最后，让学生理清他们的创意思维，并思考这些创意是如何改善人们的生活的。这有助于学生了解自己能否真正提供顾客想要的价值并思考构思创意在社会中的作用。

　　通过"机会漫步"和头脑风暴相结合的方法，让学生感受潜在的创意和机会无时无刻不在身边，所以构思创意从来不应该成为问题。但是大家应该将能否真正给顾客和社会带来价值视为决定这些创意能否成为创业机会的第一步。

第三节　评估创业机会

　　通过信息搜集、机会分析，创业者已经对机会有了一定的认识，掌握了一定的数据。但不是所有的机会都必须抓住，都值得去投资。如果说创业思路主要是靠敏感和直觉的话，那么评估商业机会则是对创业者判断力和决策力的挑战。我们常说，"发现商机是一回事，把握商机是另外一回事"，把握商机的第一件事就是在众多的"近似正确"和"可能错误"的备选项目中发现具有真正商机的创业项目。创业思路、创业项目、创业商机之间是"广种薄收"的关系，5 至 10 个创业思路展开成 100 个备选创业项目，其中可能只有一个能够成为你的创业商机，其余 99 个都可能是你的创业陷阱（但也可能是别人的创业商机）。创业者需要对机会进行筛选和评估，能有效地降低风险和减少失败。

　　创业机会的评价一般都应有一定的判断标准，如机会创意及竞争力，行业和市场，团队，经济因素和回报等。美国创业大师杰弗里·蒂蒙斯在《创业学——21 世纪的创业精神》（*New Venture Creation： Entrepreneurship for the 21ˢᵗ Century*）提出了一个包括 8 个一级指标、53 个二级指标的评价指标体系，可以作为创业机会评价指标库。其中，8 个一级指标分别是：行业与市场、经济性、收获、竞争优势、管理团队、致命缺陷问题、个人标准、战略性差别。限于篇幅，53 个二级指标在此不赘述。

巴蒂的选择因素法

巴蒂（Baty）选择了 11 个对创业机会有重要影响的因素，让使用者据此对发现的创业机会进行评价。若某个创业机会只符合其中的 6 个或更少的因素，则这个机会可能不可取；相反，若某个创业机会符合其中的 7 个或以上的因素，则该创业机会将大有希望成功。尽管创业机会评估是一个复杂的系统工程，但该方法仍可作为创业者对项目进行初始评价的参考。

巴蒂选择因素法		
序号	选择因素	判定结果
1	这个创业机会在现阶段是否只有你一个人发现了	
2	初始的产品生产成本是否可以接受	
3	初始的市场开发成本是否可以接受	
4	产品是否具有高利润回报的潜力	
5	是否可以预期产品投放市场和达到盈亏平衡点时间	
6	潜在的市场是否巨大	
7	你的产品是否是一个高速成长产品家族中的第一个成员	
8	你是否拥有一些现成的初始用户	
9	你是否可以预期产品的开发成本和开发周期	
10	是否处于一个成长中的行业	
11	金融界是否能够理解你的产品和顾客对它的需求	

"非常小器"成大器

梁伯强有多重身份：聚龙集团董事长，中山圣雅伦日用品有限公司董事长，广东省非常小器有限公司总经理，蜚声海内外的"指甲钳大王"，中国"隐形冠军"形象代言人。

在 1998 年之前，尽管梁伯强的人造首饰生意做得很火，但圈外鲜有人知道。然而，报纸上一篇《话说指甲钳》的文章让梁伯强的命运从此改变。文中提到当时的朱镕基总理在接见全国轻工业集体企业代表时说："要盯紧市场找缺口找活路，比如指甲钳，我没用过一个好用的指甲钳，我们生产的指甲钳，剪了两天就剪不动指甲了，使大劲也剪不断。"他以小小指甲钳为例，要求轻工企业努力提高产品质量，开发新产品。凭着在五金行业摸爬滚打十多年的职业敏感，梁伯强意识到了其中的商机。说干就干，他开始了艰辛的环球考察指甲钳的行程。梁伯强发现，德国、法国、美国、日本的指甲钳质量已达到相当高的水平，韩国的指甲钳定位在大众消费，不仅成为亚洲市场的霸主，而且控制了百分之四十的国际市场，做工精致，贴近大众，细节上非常人性化。总之，他们共同的特点就是精致、实用。而国内指甲钳生产厂家由于负担沉重，无力进行技术改造而渐失竞争力，代之而起的是一大批民营小企业，设备落后，质量无法保障，生产的产品也大都是一些地摊货。经过环球考察，梁伯强深刻地认识到，指甲钳拥有一个潜力巨大的市场。

聚龙公司率先打破指甲钳传统的三片式结构，开发出第一款两片式指甲钳，并结合两片式指甲钳的特点，创造性地研发出名片指甲钳，硬是让小小的指甲钳也成为前景广阔的新兴媒体——区别于平面印刷媒体、电视、广播、网络和手机的"第六媒体"，由此带来了企业产品更为广阔的市场。梁伯强带领聚龙公司不断创新产品功能，挖掘客户需求。如根据年轻女性追求美的需求，将指甲钳与化妆用品相结合，在套盒中配以眉笔、粉刷、镜面等，使护理功能更加趋于完善；许多父母在给小孩剪指甲时，害怕不小心会让乱动的小孩手指受伤，根据这种心理，梁伯强又开发了小孩专用的指甲钳；后来，"圣雅伦"推出的礼品装，不只是一套现代化的个人护理工具，还是现代人礼尚往来精致而高雅的礼品。聚龙公司走的是一条以"非常小器"自主品牌发展为主的道路，外销时使用圣雅伦品牌。经过不断的产品创新、文化创新、市场创新等，梁伯强硬是将一个不受关注的"小不点"产品做成了中国第一，世界第三的"巨无霸"。

思考：结合"非常小器"的创业故事，思考梁伯强关于指甲钳的创业想法来源于哪里？是如何通过创新获得创业机会的？大学生可以通过哪些渠道获得创业想法？

思考（指引）

思考梁伯强关于指甲钳的创业想法来源于哪里？

通过阅读报纸，关注新闻要点发现商机、从而获取创业想法。

他是如何通过创新获得创业机会的？

进行环球考察市场，分析对比，重新定位指甲钳的功能；挖掘客户需求，创新产品功能

（将指甲钳与化妆用品相结合，开发了小孩专用的指甲钳，推出精致而高雅的礼品等）。

大学生可通过哪些渠道获得创业想法？

学习模仿：在模仿的过程中进行学习和微创新。

破解问题：在别人的报怨、问题中发现机会。

调查分析：浏览与行业有关的书籍、杂志、网站，参加行业研讨会和展览会等多种方法。

开发特质：分析和审视自己特有的兴趣、经验、技能、关系网络等资源。

把握变化：把握宏观环境或者行业环境的变化。

创新创造。

案例思考

吴烙琪 "季忆花园" 的诞生

又到一年毕业季，当其他高校毕业生在为找工作苦恼时，2017年6月大学毕业的23岁中山市民众镇姑娘吴烙琪已拥有了自己的"多肉王国"——"季忆花园"多肉大棚。

偶然结缘爱上多肉

5年前，吴烙琪去北京旅游时看到一间多肉植物店，特别喜欢。从那时候开始，她就喜欢上多肉植物了。从北京回来后，她利用寒假期间从广州进了一批多肉植物，和同学一起去沙岗墟售卖。当时多肉在中山还是新鲜事物，行情好，2元一盆的进价，可以卖到15元。这次试水让吴烙琪尝到了甜头，并萌生了培育多肉的想法。

机缘巧合培育多肉

2013年，考上华南农业大学珠江学院后的吴烙琪选择了园林设计专业。她从小就喜欢花草树木，也喜欢对花草、园林进行diy设计，选这个专业是她的兴趣所在。2014年在读大二的她，获悉民众镇建立了国内首个大学生农业创业孵化基地，可以免费提供场地、大棚等设备供大学生农业创业团队使用。于是，她和同在读大二的堂姐吴泳诗一拍即合，开始了多肉培育养殖。

由于场地免费，而且她们也在读书，所以刚开始没有多大投入，只是用之前售卖多肉赚取的费用进行多肉的培育工作。但是由于大棚设计不够合理，加上中山夏天的气温太高，2015年夏天她进的多肉苗死了一大半，损失很大。后来她追加投资为大棚加装喷淋降温系统，同年10月，气温开始下降，她的多肉植物开始活下来，长势繁茂。在广州读大学时，吴烙琪利用课余时间，把培育出来的多肉植物通过微信、承租实体店等方式销售出去，连续几个月赚取了十几万元。

未来会扩大种植规模

刚开始时，父母并不赞成，他们认为读完大学应该找份体面的白领工作，但现在他们的态度变了，还经常抽空过来帮忙。回想这几年的创业过程，吴烙琪感慨十分不易，每周往返于中山广州两地，一边上学一边创业，很多事都要亲力亲为。大棚坏了要自己修，市场要自己开拓，线上店铺也需精力经营，不过，成果也出来了：最初零客户到现在已有了 4000 多名客户。接下来，她将与云南的培育基地合作，引入更多品种的多肉植物。未来，她计划继续扩大种植规模，将自己的多肉打造成一个品牌，提升知名度，把"季忆花园"打造成能供游客参观、体验和购买于一体的大型多肉养殖基地。

"季忆花园"于 2017 年初投入使用，占地两亩，现在拥有近 300 个品种，既有平价的黄丽、白牡丹，也有高贵的广寒宫、静夜等品种，价格从两三元到上千元不等。

（资料来源：《中山日报》2017 年 5 月 19 日）

思考与训练

1. 调研访谈你周围的创业者，了解该创业者创业的原因，创业者的特征、背景，其创业想法获得的来源，以及对你创业的启示。

2. 请结合本章有关获得创业机会的方法，分组实践，形成几个创业项目的想法，并进行评估。

本章小结

　　影响创业者获得创业想法的因素主要有先前经验、认知因素、社会关系网络、创造性。创业者可以通过学习模仿、破解问题、调查分析、开发特质、把握变化以及创新整合等获得创业机会。创业者应善于在众多的"近似正确"和"可能错误"的备选项目中发现真正的创业项目

参考文献

[1] 唐鹏程，朱方明.创业机会的发现与创造：两种创业行为理论比较分析[J].外国经济与管理，2009，31（5）.

[2] 斯晓夫，吴晓波，陈凌，邬爱其.创业管理理论与实践[M].杭州：浙江大学出版社，2016.

[3]（美）海迪 M.内克，帕特里夏，G.格林，坎迪达 G.布拉什.如何教创业：基于实践的百森教学法[M].北京：机械工业出版社，2015.5.

第六章 整合创业资源

商业模式本质上是利益相关者的交易结构。

——魏炜 朱武祥 林桂平《管理世界》

案例思考

资源整合实现蒙牛快速发展

蒙牛乳业（集团）股份有限公司成立于 1999 年 8 月，是国家农业产业化重点龙头企业、乳制品行业龙头企业，2017 年营业收入超过 600 亿元。蒙牛集团的创立者牛根生当年离开伊利集团创业时，没有工厂、没有奶源、没有品牌等，可是却跑出了火箭一般的速度。

他们通过与工厂合作，将工厂、设备等生产资源化为己用。没有运输车，通过整合个体户投资买车；没有宿舍，通过整合政府出地，银行出钱，员工分期贷款等解决。像这样，农民用信用社贷款买牛，蒙牛用品牌担保农民生产出的牛奶包销，蒙牛一分钱没花，整个北方地区 300 万农民却都在为蒙牛养牛。刚开始创业，没有品牌知名度，他们则通过借势、整合资源等，如打出口号："蒙牛甘居第二，向老大哥伊利学习""伊利，鄂尔多斯，宁城老窖，蒙牛为内蒙古喝彩！"，与其他知名品牌关联，没有花一分钱，让自己的品牌迅速成为知名品牌。

从蒙牛的案例中可以看出：任何创业者都不可能拥有世界上所有的资源，个人手中可支配的资源总是有限的。想要实现自己的发展目标，就必须利用自己手中可占用和支配的资源与他人交换自己所需要的资源，同时让对方也能得到他想要的资源。创业的过程也是资源整合利用的过程。

能不能把可以利用的资源整合过来为己所用，关键在于你有没有资源整合的思维。

第一节　认知创业资源

资源基础理论（Resource Based Theory，RBT）认为：企业是一组异质性资源的组合。资源是企业在向社会提供产品或服务过程中，所拥有的或者能够支配的用以实现自己目标的各种要素以及要素组合。

资源基础理论假设企业具有不同的有形和无形的资源，这些资源可转变成独特能力，有些资源在企业间不可流动且难以复制，这些独特的资源与能力是企业持久竞争优势的源泉。资源论的思想是把企业看成资源的集合体，将目标集中在资源的特性和战略要素市场上，并以此解释企业的可持续优势和相互间的差异。

创业资源是企业创立以及成长过程中所需要的各种生产要素和支撑条件。对创业者而言，只要是对其创业项目和新创企业发展有所帮助的要素，都可以归入创业资源的范畴。当创业者拥有或者能够控制那些稀有的、有价值的、难以复制的和不可替代的资源时，他们就可以为自己所建立的创业企业建立起持久的竞争优势。

互动游戏：健身小运动

全班同学在老师的带领下在课堂上开展健身小运动，如掌心向上手腕对敲、握空拳虎口对敲、左手空拳击右掌心、右手空拳击左掌心等。做完之后，所有同学再按按后背揉揉肩，教师不再示范。

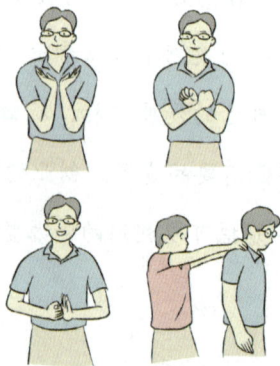

游戏小结

　　创业者是创业过程中最重要的资源，身体健康又是必要的保障。但是，在锻炼身体的过程中，有些活动是可以靠自己的能力完成的，有些却需要借助于他人。同样的道理，在创业之初不可能也不需要拥有创业所需要的所有资源，只要能够借力，整合到足够的资源为企业所用就好。

一、创业资源分类

　　创业资源按其来源可以分为自有资源和外部资源，按其存在形态可以分为有形资源和无形资源，按其性质可分为人力资源、社会资源、财务资源、物质资源、技术资源和组织资源。

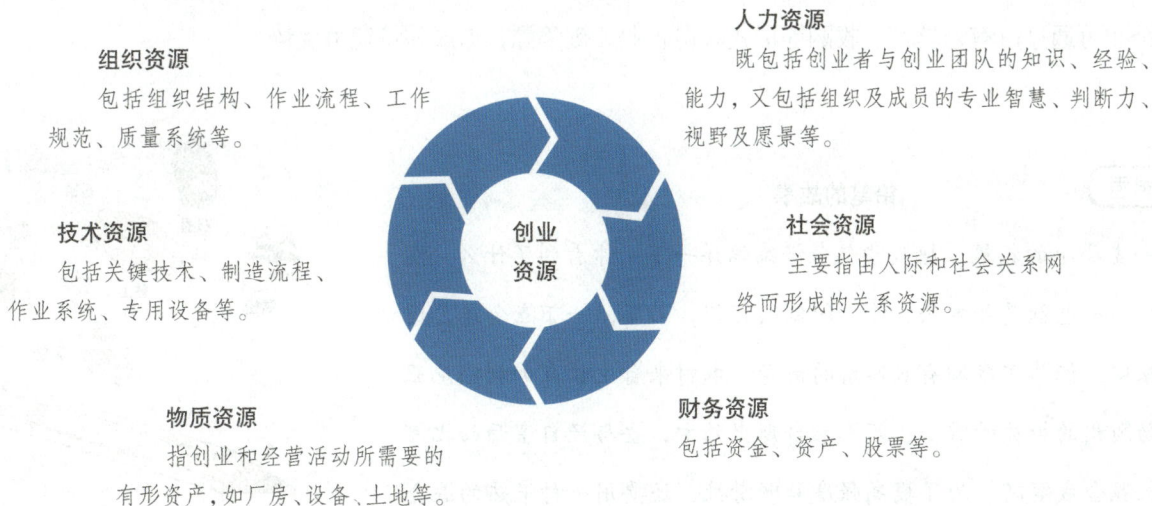

组织资源
　　包括组织结构、作业流程、工作规范、质量系统等。

技术资源
　　包括关键技术、制造流程、作业系统、专用设备等。

物质资源
　　指创业和经营活动所需要的有形资产，如厂房、设备、土地等。

创业
资源

人力资源
　　既包括创业者与创业团队的知识、经验、能力，又包括组织及成员的专业智慧、判断力、视野及愿景等。

社会资源
　　主要指由人际和社会关系网络而形成的关系资源。

财务资源
　　包括资金、资产、股票等。

二、关键创业资源

占有
通过独家占有、申请专利等形式拥有。

关键资源

培育
关键人才、品牌、社会关系、销售网络。

收购
通过收购兼并拥有独特资源的企业。

关键战略资源：异质性、稳定性、有价值、稀缺性、难模仿、不可替代。

创业企业可通过占有、培育、收购等形式获得企业关键资源，形成独特竞争优势。

案例思考

铅笔的故事

石蜡

石墨

芽籽油

黏土

雪松

黄铜

我是一支小小的铅笔。把我拿起来仔细端详一下，你看到了什么？没有多少东西——也就是些木头，漆，印制的标识，石墨，一丁点金属，还有一小块橡皮。但其实我却有数不清的前身。木材来自生长在加利福尼亚北部和俄勒冈州的挺拔的雪松；石墨采自斯里兰卡，要与产自密西西比河河床的黏土混合成笔芯。为了提高强度和顺滑性，还要用一种滚热的混合

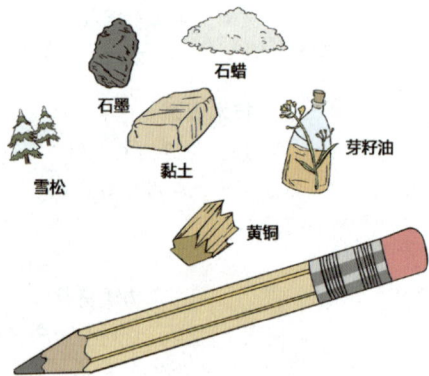

物处理铅笔芯，其中包括固体石蜡、经过氢化处理的天然脂肪和产自墨西哥的大戟石蜡；橡皮——"硫化油胶"则是由印度尼西亚出产的菜籽油和氯化硫进行化学反应制造出来的。还有黄铜的金属箍，金属箍上的黑圈（黑镍）等，更是难以述说……

一支小小的铅笔，光是生产出来就需要如此多的资源，更何况是一家创业企业呢？

三、创业资源获取的影响因素

创业导向

在明确的创业导向指引下，能创造性地整合、利用资源，并更注意区分不同资源，充分发挥知识资源的价值。

商业创意价值

一种能被资源所有者认同的、有价值的商业创意，才有助于降低创业者获取资源的难度。

创业者先前经验

拥有先前经验的创业者更容易发现、获取创业资源，同时也因享有更强的社会网络而获得资源方认可。

资源配置方式

创业者合理配置资源，充分利用好已有的、身边的、别人不重视的资源，发挥资源的杠杆撬动作用。

创业者管理能力

创业资源获取的关键往往取决于企业软实力，其主要表现是创业者的管理能力。

社会网络

社会网络的关系强度、关系信任度以及网络规模对创业资源获取具有正向影响。

第二节　整合创业资源

A　更加持久地使用资源

B　更加充分地利用他人没有意识到的资源

整合目的

C　利用他人或者其他企业的资源达到自己创业的目的

D　用一种资源补足另一种资源，产生更高的复合价值

E　利用一种资源获得其他资源

一、整合内部资源

根据创业思维方法论，创业者从拥有的资源出发开启创业之旅，然后针对所开展的业务与他人互动，从而获得所需要的其他资源。因此，整合利用好自有或内部资源，是创业者资源整合的基础。美国杰弗里·R·康沃尔教授在所著的《步步为营：白手起家之道》中指出，通过步步为营活动使企业在资源受限情况下实现目标，最低限度降低对外部融资的需求，最大程度发挥自有资金的作用，实现现金流最佳使用，具体可以通过节俭、外包、孵化器和创业服务中心等实现。他还总结了步步为营的九条理由。

1. 企业不可能获得来自银行家或投资者的资金。

2. 新创建企业所需外部资金来源受到限制。

3. 创业者对自己掌控企业全部所有权的愿望。

4. 使可承受风险最小化的一种方式。

5. 创造一个更高效的企业。

6. 使自己看起来"强大"以便争夺顾客。

7. 为创业者在企业中增加收入和财富。

8. 审慎控制和管理的价值理念。

整合内部资源需做好内部资源的盘点和价值认知，关键在于优化资源配置，做好"内部挖潜"。创业者可以通过罗列内部资源清单，来进一步强化资源认知。同时，内部资源往往是企业获得持续竞争优势的战略性资源的重要来源。

内部资源清单	资源认知
创业者	素质与能力、社会关系网络、需求特征
创业企业员工	素质与能力、社会关系网络、需求特征
创业企业固定资产	寿命周期、使用成本、有效配置
创业企业流动资产	使用成本、有效配置
创业企业资金	使用成本、有效配置
创业企业技术资源	后继研发、拓展应用
……	

借力修天桥

国际商场20世纪八十年代初期开业，定位于引进国外最好的商品，准确且新颖的定位使国际商场开业后很红火。国际商场邻南京路，这是一条十分繁忙的主干道，道路对面就是滨江道繁华的商业街。在国际商场刚开业时，门口并没有过街天桥，行人穿越南京路很不方便也不安全。修建天桥成了必要的事情。但是，估计绝大多数有这样认识的人都会觉得这个天桥应该由政府来修建，所以想想、发发牢骚也就过去了。有一天，一位年轻人同样也产生了建桥的想法，他没有认为这是政府该干的事情，而是立即找政府商量，提出自己出钱修建过街天桥，而且还不说是自己建的，希望政府批准，前提是在修建好的天桥上挂广告牌。不花钱还让老百姓高兴，再说天桥也不注明谁出资修建，政府觉得不错，就同意了。这个年轻人拿到政府的批文，从政府出来后立即找可口可乐这些著名的大公司，洽谈广告业务，在这么繁华的街道上立广告牌，当然是件好事情。就这样，这位年轻人从大公司那里拿到了广告的定金，用这笔钱修建了天桥还略有剩余。天桥修建好了，广告也挂上了，年轻人从大公司那里拿到余款，这就是他的第一桶金。以后这条天桥的广告收入都是他的了。大家可能觉得这个故事不具有代表性，这个小伙子如果不认识政府的官员，政府会信他吗？能给他批文吗？对此，我不是很清楚。但即使认识政府的官员，我觉得这个故事也还是耐人寻味。

（来源：张玉利，创业就是开创新事业 [J]. 科技创业，2007.1）

二、外部资源整合

外部资源整合的关键是创造性地设计与你共赢的利益相关者的交易结构。

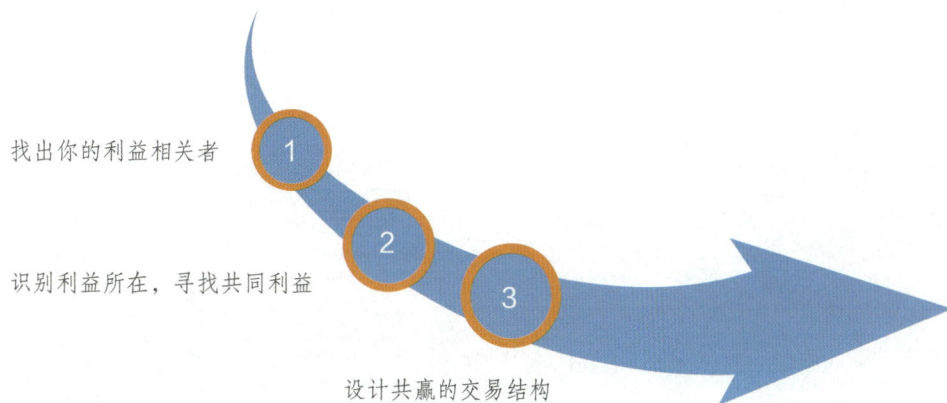

找出你的利益相关者　①

识别利益所在，寻找共同利益　②

③

设计共赢的交易结构

1.选择利益相关者

· 产供销环节需要什么资源能力?

研发、品牌、渠道、资质、设备、原料、管理……

· 谁能高性价比提供这些资源能力?

创业思考：你所做的项目的利益相关者都有谁？请写在以下空白处。

2. 识别利益所在，寻找共同利益

利益相关方	资源能力	利益诉求	利益冲突

创业思考：填表分析利益相关者的利益诉求是什么？利益是否冲突？

3. 设计共赢的交易结构

交易关系：长期／短期，收购／合作，代理／经销／特许，参股／控股／合营……

股东关系：现金／技术／实物出资，股份比例，收益分享比例，所有权／经营权／表决权……

雇佣关系：付出／收益，薪酬激励……

设计超出利益相关者预期的利益分配机制，可以是利益相关者优先赢，然后实现共赢。

创业思考：填下表分析你做的项目所需的相关资源，找出重要的合作伙伴，确定合作关系。

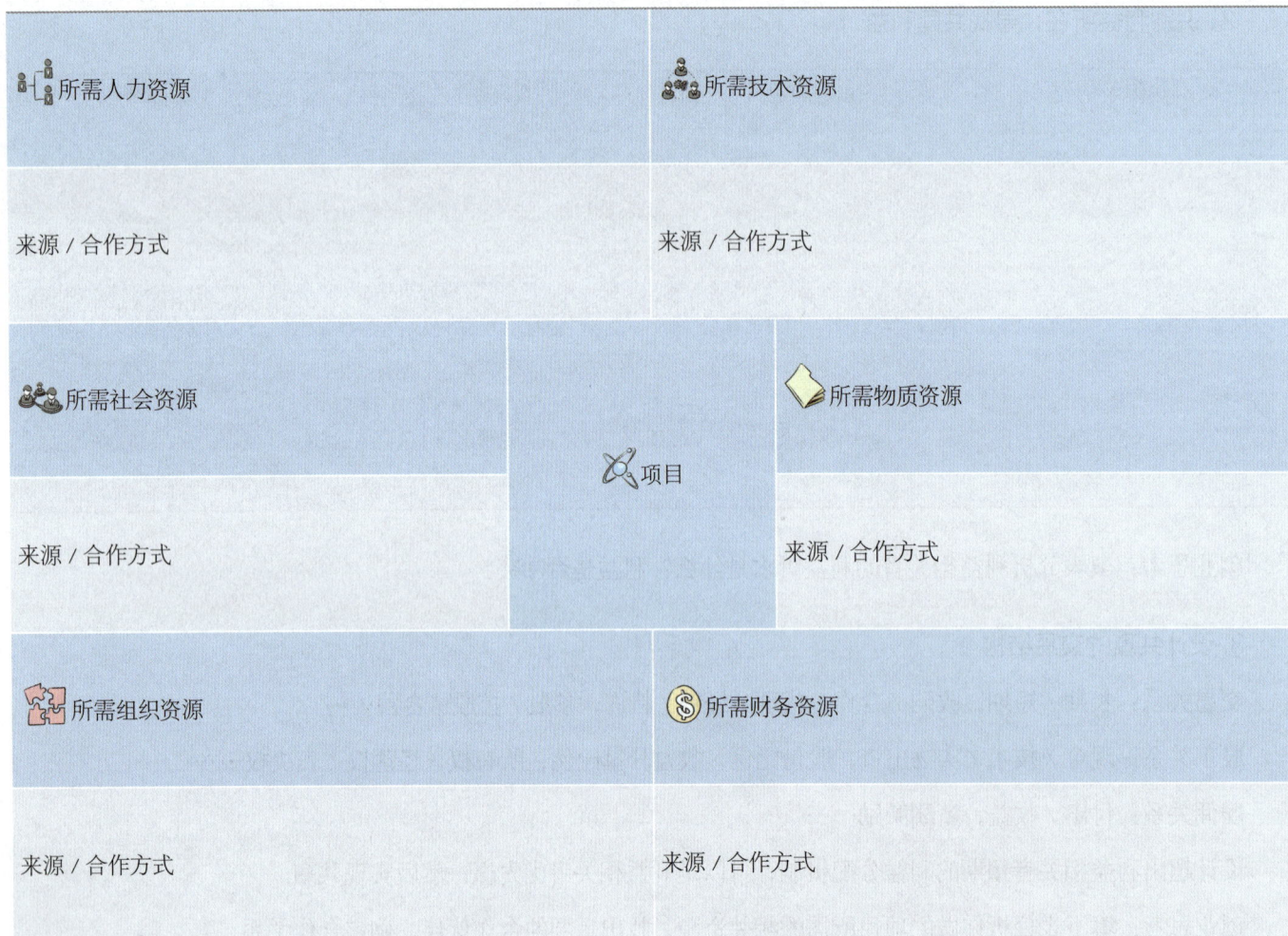

所需人力资源	所需技术资源
来源 / 合作方式	来源 / 合作方式

所需社会资源	项目	所需物质资源
来源 / 合作方式		来源 / 合作方式

所需组织资源	所需财务资源
来源 / 合作方式	来源 / 合作方式

思考与训练

如果要建一个幼儿园，你需要什么资源？你觉得该项目的利益相关者都有谁？他们有什么资源？你将创造性地设计怎样的交易结构来整合各方资源？

本章小结

资源以能用、够用为原则，不求所有、但求所用！

资源整合无处不在！生活就是一场资源整合的大狂欢！

外部资源整合需要创造性地设计共赢的利益相关者的交易结构。

参考文献

[1]（美）海迪 M.内克，帕特里夏，G.格林，坎迪达 G.布拉什.如何教创业：基于实践的百森教学法 [M].机械工业出版社，2015.5.

[2] 张玉利，薛红志，陈寒松，李华晶.创业管理（第 4 版）[M].机械工业出版社，2016.6.

[3] 胡飞雪.创新思维训练方法 [M].机械工业出版社，2017.1.

[4] 张志强.创新创业怎么做：思维与方法 [M].国家行政学院出版社，2017.7.

第七章　组建创业团队

能用众力，则无敌于天下矣；能用众智，则无畏于圣人矣。

——三国·孙权

第一节　创业团队及内涵

"搭班子、定战略、带队伍"，这是由联想创始人柳传志总结并赢得广泛认同的企业创办、经营与管理的"九字诀"。其中排在第一位的是"班子"，对创业公司来说，就是它的创始合伙人团队。美国杰弗里·蒂蒙斯（Jeffry A. Timmons）教授提出的创业过程模型认为，成功的创业活动必须对机会、创业团队和资源三者进行最适当的匹配，并且还要随着事业的发展而不断进行动态平衡。可见，创业团队是创业活动的主体，是值得创业者给予高度关注和重点建设的内容。

创业团队就是由两个或两个以上相互作用、相互依赖的个体，为了实现特定的目标而按照一定规则结合在一起的组织。团队（Team）不同于一般意义的群体（Group），两者的根本差别在于：团队成员是相互依赖、作用互补的，要发挥 1+1 大于 2 的作用；而群体中成员之间的工作在很大程度上是互换的。

	团队	群体
成败责任的承担	既承担共同责任，又承担个人责任	只承担个人成败责任
绩效评估依据	以团队整体表现为依据	以个人表现为依据
目标实现	需要成员彼此协调且相互依存	不需要成员间的相互依存性

依据创业团队的组成人员，可将创业团队分为网状创业团队、星状创业团队和虚拟星状创业团队 3 种类型。

网状创业团队

团队成员一般在创业前就有紧密的联系，在交往过程中认可某种创业想法，达成一致意见共同创业。特点：1.没有确定的核心人物，结构较松散；2.团队集体决策，效率相对较低；3.容易出现多头领导。

团队类型

星状创业团队

该团队往往建立在核心人物先形成创业思想，而后据此进行创业团队成员的甄选和组织。特点：1.结构紧密、凝聚力强，核心人物影响大；2.决策程序相对简洁、效率较高；3.权利集中于核心人物，决策失误风险较大。

虚拟星状创业团队

一般由网状创业团队衍生而来，是介于网状和星状创业团队形态间的一种形态。在虚拟星状创业团队中，尽管有一个核心人物，但其地位的确立是所有团队成员集体协商的结果，可以被理解为是整个团队的代言人，而非团队主导人物，其不像星状创业团队中高端核心人物那样具有绝对权威。

第二节　团队招募与分工

一、团队组建原则

配置合理的创业团队能有效解决人力和资金等方面的问题，保证团队的长期有效运转，实现个人与团队共同成长。创业者在组建团队时，应遵循以下基本原则。

目标明确合理

有共同的创业目标和理念，上下同欲者胜。

互补

成员知识、技能、经验等互补，发挥"1+1>2"的协同效应。

精简高效

处理好人员精简与高效运作，统一指挥与分工协作的关系。

责权利统一

责权利统一有利于团队长期、稳定、健康发展。

动态开放

保持团队成员的动态性、开放性，优胜劣汰，吸引优秀人才加入。

相对稳定

团队成员的稳定既是稳定人心，也是保证团队思维和行动的连续性。

二、团队组建模型

创业团队组建需要关注 5 个方面，在此总结为 5P 模型。

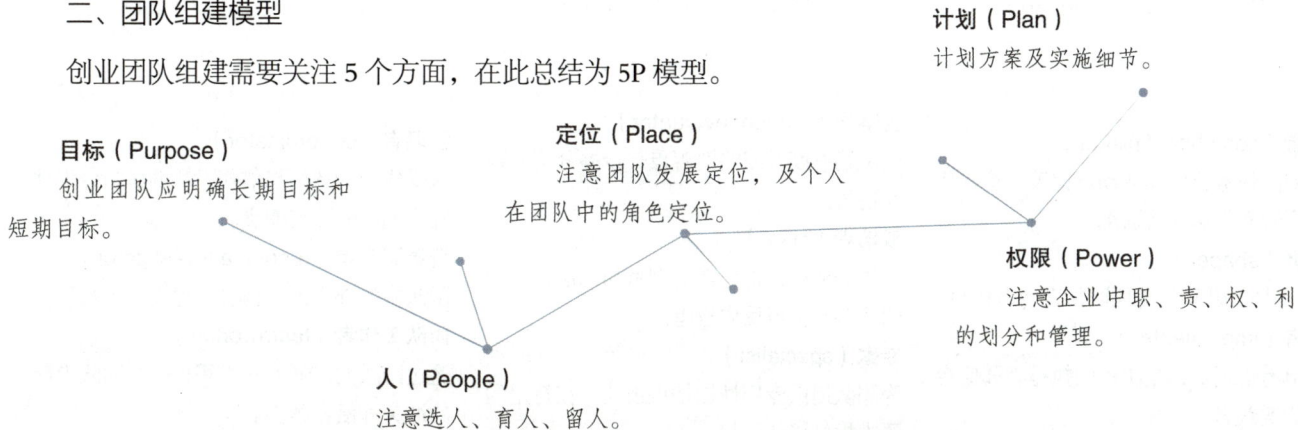

计划（Plan）

计划方案及实施细节。

目标（Purpose）

创业团队应明确长期目标和短期目标。

定位（Place）

注意团队发展定位，及个人在团队中的角色定位。

权限（Power）

注意企业中职、责、权、利的划分和管理。

人（People）

注意选人、育人、留人。

乔布斯打造梦幻创业团队的三条建议：明确你的人员需求，但不要僵化死板，当发现候选人特殊优点时，可以适当放宽标准；拓展人才搜寻渠道，参与演讲、交流时也可能找到适合的人才；学会利用身边的资源，询问团队成员有关聘用意见，优秀的人会推荐其他人才。

三、团队角色

英国团队管理专家梅雷迪思·贝尔宾（Meredith Belbin）分析成功团队发现，每一个团队的组成人员都包含3大类、9种不同的角色，依据成员所表现出来的个性及行为特征划分，分别担纲活动执行、创意发想与流程管理等各个方面的工作，当团队中具备了这9种角色时，其组织活动就会运行良好。

行动导向型角色（action）	谋略导向型角色（thinking）	人际导向型角色（social）
完成者（completer finisher） 督导团队任务目标和活动日程表，检视任务执行时有无错误或遗漏。 **塑造者（shaper）** 团队行动的领导者，为团队带来动力和冲劲。 **执行者（implementer）** 能审慎考虑现实，是决策的执行者和值得信赖的实践者。	**监察员（monitor evaluator）** 以沉稳态度及战略性观点，冷静分析问题和情境。 **栽培者（plant）** 不墨守成规，提出新的创意与想法，引导团队多元甚至反向思考。 **专家（specialist）** 为团队提供专门性的知识技能，在特定问题中提供极佳建议。	**协调者（co-ordinator）** 深受成员的认同与信任，协助成员合理地安排团队分工与职责。 **资源调查者（resource investigator）** 团队中的外交家、信息灵通者。 **团队工作者（teamworker）** 透过圆融的沟通方式，积极解决团队内部的冲突和潜在摩擦。
每种角色未必只能由一人担任，也可一人分饰多角，甚至进行角色转换，关键是找到自己在团队中的角色定位。		

练一练

团队角色审视

团队成员	兴趣（愿意做什么）	能力（擅长做什么）	角色（正在做什么）

现在成员分工及角色定位小结：

练一练

一只狮子领着一群羊

Vs

一只羊领着一群狮子

如果是一只狮子领着一群狮子，或者一只羊领着一群羊的团队组合，其结果又将如何？

问题的关键在于找到团队的目标，明确自身优势和劣势，正确进行各自团队角色定位，即便是一只羊，也能发挥其应有的作用，有助于打造一支高战斗力的队伍。

辩一辩：什么样的团队结构更好？

拓展阅读

创业团队的其他实践

硅谷三人组合模式。在英特尔的辉煌创业史中，诺伊斯、摩尔和格鲁夫三人你方唱罢我登场，三者各有千秋，名留青史，其团队精诚合作的故事广为传颂。德鲁克在《管理的实践》中描述了一位理想的"董事长"，这个人实际上是个三人合一的理想人物：一个善于对外交往的人，一个善于思考的人，还有一个善于行动的人。在三人团队模式中，一个定格公司文化，我们称之为精神领袖；另一个引领技术，我们称之为技术领袖；还有一个负责执行，我们称之为执行领袖。

一般模式。美国的创业者普瑞尔·萨拉依总结出团队的一般模式：潮人(Hipster)，黑客(Hacker)和"皮条客"(Hustler)，简称"3H"模式，也称创业团队"三剑客"。这种模式，不是从书本上学来的，而是在街面上"混"的时候悟出来的一些道理。它不可以传授，也不可以复制，我们称之为"街头智慧"。潮人不循规蹈矩，也不会古板地按照市场调查来做判断，而是被内心的某种直觉所指引，敏锐捕捉方兴未艾的时尚元素，率先引领这种时尚潮流，是时尚前沿的弄潮儿。黑客，能够发现现有技术的某些漏洞，并且能够点"漏"成金，把漏洞变为商业机会。"皮条客"的最大特点是八面玲珑，是一群出色的交际者，对内能够增强整个团队的凝聚力，又能够让外面形形色色的客户感到宾至如归。

第三节　股权设计与激励

任何一家优秀的公司一定是靠团队一起打拼做大的，那么合伙人股权架构的设计和搭配就显得尤为重要，股权架构设计方案是股权激励和未来优秀团队执行力的终极体现。

一、股权架构设计的作用

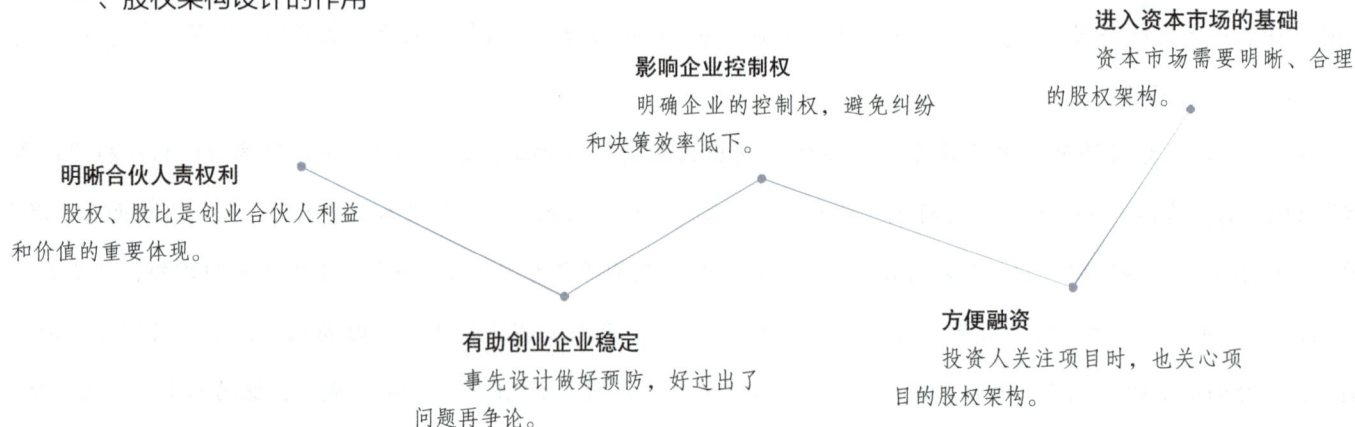

明晰合伙人责权利
股权、股比是创业合伙人利益和价值的重要体现。

有助创业企业稳定
事先设计做好预防，好过出了问题再争论。

影响企业控制权
明确企业的控制权，避免纠纷和决策效率低下。

方便融资
投资人关注项目时，也关心项目的股权架构。

进入资本市场的基础
资本市场需要明晰、合理的股权架构。

二、股权分配原则

股权分配是合伙人作出的最为困难的决定之一，但也是一切事情开始之前必须解决的问题。股权分配产生的问题永远是船小好调头。对创业企业而言，很难说有包治百病的股权分配方案，但以下三个基本原则还是应该坚持。

事业为重原则

股权分配是分蛋糕的制度设计。但是，只有先做蛋糕，才有机会分蛋糕。因此，创业企业的股权配置应该有利于团结大多数人群策群力，把事业做好做大。

资源配置原则

股权结构背后反映的是创业企业在生存、发展过程中可以对接的各种资源，诸如团队、技术、资本、渠道等。各种资源要素的贡献和价值应体现在股权分配上，财散才能人聚。

控制权原则

基于公司法规定的股权 1/2 的决议规则和 2/3 的特别决议规则，股权分配时要密切关注创业团队与外部资本控制权的分配，以及创始团队内部控制权的分配等。

三、股权分配实务

在股权（股份）分配的时候，客观的操作方法可以是：将创始人在创业项目中的贡献，按照市值进行估值，然后算出所有股东和合伙人的各种要素贡献的总估值，最后折算出创始人和合伙人之间持有的股权比例。这样，首先就需要对创业资源的各种要素进行市场估值，当然像资金、技术专利这些是很好量化的，但是，场地、人脉以及实物则需要具体分析。同时，投入要素在不同时期的价值是不同的，如创业初期资金比较紧缺权重高，后期融资多了不缺钱，权重就下降了。股权一定要按照时间或者项目 / 融资进度分批授予，要明确股权退出及回购的机制，并为吸收优秀的合伙人、骨干员工预留空间。

举例，某技术合伙人投入的要素＝资金 20 万＋技术，专业技术按照市场价估值 10 万（考虑技术稀缺性和同行市场平均薪资）。假设所有投入要素的市场估值是 100 万，那么该技术合伙人的股权比例就是 30%，甚至可以将不同要素按照稀缺性和紧急程度区分权重，同样是上面的例子，股权比例（%）=20 万资金 ×0.8 权重 +10 万技术 ×1.5 权重 =31%。

常见的股权分配陷阱：平均分配股权，外部股权过多，核心创业者持股比例过低、股权过于分散，过早的分配股权等。

他山之石

微软的股权分配

微软的名字诞生于 1975 年。1977 年 2 月 3 日，比尔·盖茨和保罗·艾伦签署了一个非正式协议，比尔·盖茨占有公司份额的 64%，保罗·艾伦占有 36%，而此前两人的份额分别是 60% 和 40%。1978 年，比尔·盖茨的年薪是 1.6 万美元，是公司中最低的工资，这种把自己塑造成"劳模"的伎俩后来被许多软件公司的老板所采用。

微软初期采用的是合伙人制，到 1981 年 7 月 1 日，微软才正式注册成为一家正式公司。起初，公司股票只有少数人拥有：盖茨、艾伦分别占有股份的 53% 和 31%，鲍尔默占 8% 左右，拉伯恩占 4%，西蒙伊和利特文约占 2%。由于股票只发给盖茨最亲密的伙伴，因此许多在公司干了多年的人，对股票分配方式怀有不满。

为平息不满，1982 年公司开始发放年度奖金，并给员工配股。但并非人人都能得到股票，按规定，要得到股票需等一年，然后在 4 年之间按 8 等分支付。当时原始股份每股只有 95 美分，一般新雇佣的软件工程师可得 2500

股，进公司早的工程师可得更多些。给员工配股后，公司取消了加班费，反而引起更多员工的抱怨。一名员工说，当时他分得的股票，一直是家里人的笑料。但到了1992年初，这些原始股票每股已上涨千倍以上，达到1500美元。那些保留全部2500股原始股的工程师，现在已拥有了近400万美元的资产。

公司奖励员工的方式也基本成形，一块是工资，一块是公司股票认购权，一块是奖金。公司通常不付给员工高薪，也拒绝支付加班费。但到了20世纪90年代，各类补偿金数目可观，因为股价总在不停地往上蹿。其补偿金分为：高达15%的一年两度的奖金、股票认购权以及购买股票时享受的折扣。一名雇员工作18个月后，就可获得认购股权中25%的股票，此后每6个月可获得其中的2.5%，10年内兑现全部认购权。每两年还配发新的认购权，雇员还可用不超过10%的工资以8.5折优惠价格购买公司股票。

微软还建立了晋级制度，在技术部门的一般管理部门建立了正规的升迁途径。首先，每个专业设立技术级别，级别用数字表示，起点是本科毕业的新员工为9级或10级，高至13、14、15级。对于程序员，13级已是最高级别。级别反映员工的表现和基本技能，也反映经验和阅历。同时级别与报酬直接挂钩，开发人员属于报酬最高的一类，从其他公司跳槽或挖墙脚来的资深开发人员可以不定时协商工资额，可使工资超过本级别的平均水平，因为开发人员是软件公司的"主角"。

第四节 团队冲突管理

一、团队冲突及其表现

冲突是指个人或团队对于同一事物持有不同的态度与处理方法而产生的矛盾。冲突常表现为由于观点不一致而引起的激烈斗争。美国学者刘易斯·科赛在《社会冲突的职能》中指出：没有任何团体是能够完全和谐的，否则它就会无过程与结构。在团体中，个人之间的冲突在一定程度上总是存在的，因为人与人之间存在各种差异：价值观、信仰、态度以及行为上的差异。差异必然会导致分歧，分歧发展到一定程度就会导致冲突。因此，冲突是客观存在的，是无法避免的，是不以人的意志为转移的。应该说，冲突是团队生活中无法避免的特色之一。

在一定范围内，冲突有助于团队成员激发和分享不同的观点，进而形成更好的决策，但如果冲突超越了认知的范畴，就可能导致创业团队的决策失效，甚至引起团队分裂和解散，因此，管理团队冲突是核心创业者必须具备的能力。

就团队而言，冲突的表现有以下几点：①个人、团队、组织及其组成部分之间很少交流；②团队间不是在相互合作与相互尊重的基础上建立关系，而是基于对他人地位的羡慕、妒忌和愤怒而产生恶劣的关系；③团队成员之间的关系恶化，个性抵触增多；④规章制度尤其是牵涉生产当中细微领域的规章制度；⑤各种秘密和传闻不胫而走，小事情成了大事情，小问题成了大危机，很小的异议成了严重的争议；⑥组织、部门、团队和团队成员的成绩下降。

团队成员所具有的多样性能够为团队带来不同的见解以及不同的经验和技能，但是多样性也具有负面影响——人员的不同个性可能会导致团队内部产生冲突。并不是所有的冲突都是负面的，它有健康和不健康之分。

健康的冲突	不健康的冲突
事实性	情绪性
建设性	破坏性
公开性	压抑性

二、处理团队冲突

团队之间由于各种各样的原因会产生冲突，这些原因通常包括：相互缺乏沟通或误传消息，对有限资源的竞争，相互竞争或侵犯，目标、计划或任务不协调等，这些源自各种原因的冲突很容易导致双方的敌对情绪。在这种敌对状态下，团队内部紧密团队以对抗"敌人"，双方之间会产生越来越多的误解。如果不进行协调和处理，误解最后很容易发展成破坏性冲突。面临冲突时你可能采用以下 5 种不同的方式来面对，并获得相应的结果。

对抗	能快速获得结果，但如果处理不好，则浪费时间
协作	可以得到最好的解决结果和很高的团队承诺，但可能比较耗时
折中	虽不能得到很好的解决结果，但人人都能有收获
迂回	因为没有争论，所以结果可能很差
回避	推迟冲突的解决

练一练

你在解决团队之间的冲突方面有什么样的经历？请把它们写下来，并与小组成员一起分享。

你经历的团队之间的冲突	冲突的征兆	冲突的原因	如何处理冲突的	解决方案是否令人满意
1.				
2.				
3.				

通过总结这些冲突经历，可以为以后有效地识别冲突产生前的征兆，并提出解决冲突的方案积累经验。

练一练

优秀团队的评价

你的团队是否具备了优秀团队的特征? 阅读下表,并根据你所在团队的实际情况给予恰当的评分。

团队评价表

优秀团队	评价分数	需要提高的团队
目标 / 目的		
我们有明确的目标	1 2 3 4 5	我们的目标不是很明确
我能说出我们的目标是什么	1 2 3 4 5	我不能说出我们的目标是什么
我致力于为我们的目标奋斗	1 2 3 4 5	我并不关心我们的目标
技能与经验		
团队成员有足够的工作技能来完成工作	1 2 3 4 5	团队成员缺少完成这项工作所需要的技能
团队成员在工作中扮演各种角色	1 2 3 4 5	团队缺少工作所需要的各种角色
团队成员的工作技能得到充分的发挥	1 2 3 4 5	团队成员的工作技能尚未发挥出来
信任与支持		
团队成员之间相互尊重	1 2 3 4 5	成员观点可能被嘲笑,也可能无人理睬
人人积极参与讨论	1 2 3 4 5	有些人支配讨论,有些人漠不关心
团队成员之间互相支持	1 2 3 4 5	团队成员只关心自己
公开交流		
团队成员拥有他们需要的信息	1 2 3 4 5	团队成员经常缺乏信息
团队成员交流比较公开	1 2 3 4 5	有些交流秘密进行,不为人知
团队成员能够真正做到相互倾听	1 2 3 4 5	倾听的时候,人们更多的是在想下一步自己说些什么

（续上表）

优秀团队	评价分数	需要提高的团队
合理利用冲突		
出现冲突时，团队成员勇于承认	1 2 3 4 5	团队成员总是尽量避免和回避冲突
积极利用冲突	1 2 3 4 5	认为冲突是负面的而且有害的
团队成员之间不隐瞒冲突	1 2 3 4 5	忽略或掩盖冲突
程序透明		
为日常工作安排办事程序，如会议、讨论、解决问题、决策等	1 2 3 4 5	在问题发生时解决问题，没有特定的程序
使用大家都能够接受的工作方法和工作程序	1 2 3 4 5	在工作过程中才思考如何工作
花一些时间思考如何提高效率	1 2 3 4 5	仅仅满足于把工作完成
定期检查		
定期检查工作进程	1 2 3 4 5	很少检查工作进程
定期检查团队的工作情况	1 2 3 4 5	很少检查团队的工作情况
把困难和错误看作是学习机会	1 2 3 4 5	困难和错误导致痛苦

检查你的分数。如果你的分数很低，说明你的团队较优秀。相反，高分数则说明只有提高团队的工作能力，才能成为优秀的团队。看看所有的评价里，哪些方面你的团队表现较好，哪些方面你的团队需要改进。然后填写下表。

优秀团队并非只有这几个方面的特点。因此，如果你意识到你的团队还有需要加强的其他方面，可以将它填写在表格"其他特征"一行。

优秀团队的特征

优秀团队的特征	表现较好	需要改进
对目标的承诺		
技能与经验		
信任与支持		
公开交流		
积极利用冲突		
程序透明		
定期检查		
其他特征		

三位女大学生合伙开创"岁月茶舍"

河源妹子冬妮是中山职业技术学院的一名毕业生，几年前在旅游管理专业主修烹饪与营养的她没想到因为爱跳街舞被老师挑去进行专业培训，参加茶艺技能大赛。在老师的培养下，她获得了省、市乃至国家级的各类茶艺比赛大奖。更重要的是，冬妮也因此入行。

她读书时就在中山南区茶叶市场一家主营茶艺培训的公司实习，结识了另外两位志同道合的姑娘梓萱和小娜。实习结束后，三个姑娘面临新的抉择，继续工作还是进行自主创业。后来，无意中石岐老城的中心有一幢侨屋吸引了她们的视线，通过了解，这幢侨屋租金合理，于是她们决定利用一技之长进行自主创业。创业就是没有条件就自己创造条件。她们将侨屋的一层做茶舍，二层用来居住。虽然侨屋地理位置靠在路边，但除此之外几乎没什么其他优势，可是她们仍然非常乐观也非常自信。因为没有足够的资金请专业的装修设计，她们就撸起袖子自己干，搬砖粉墙钉柜子，将门板横放成为大茶台，布幔桌旗一铺竟显得高大上。通过她们的齐心协力，收拾出的茶舍虽不富丽堂皇，却优雅温馨。

"岁月茶舍"在三位姑娘的精心装饰下显得非常大气。大院落，大空间，加上三位女孩儿的灵气，使"岁月茶舍"有别于城中所有的茶庄、茶馆及茶艺培训，在中山甚至周边城市中特立独行。

进入茶舍，一前一后是两个大气的茶厅，各摆放两张大茶台，左右两壁敞柜，一边是茶，一边是茶具或艺术摆件、绿植字画。视线延伸到厅堂的底部，是一壁格子柜，各式各样的杯盖置放于每个格子中，还一个个烧制了学员名字的成为专属杯。厅的左侧有一个门，进去其实是来到了梯间，三位姑娘把这里做成茶服间，售卖独特的茶服。一侧是一个很特别的天井，自然光从高立的天顶透射下来，格外幽静。往前走一步又进入另一个空间，那是一个教室，提供给学员上各种课程，茶道、花道、香道，还有将来的琴道。从教室转出来，又转回了大门旁，茶厅中。

姑娘们设置了一套学习课程，内容包括中国茶文化演变、唐代煎茶、宋代点茶、客家擂茶、六大茶类品鉴及制作工艺冲泡方法、茶席设计和茶具赏析以及茶艺礼仪、茶会策划、中外饮茶风俗等，目的是让学员了解中国茶文化。她们不仅有中山本地的学员，还有从深圳过来的茶痴。在大都市大公司里工作，日常的繁忙使她尤其珍视这里的静好时光，从千里之外也愿意跑过来学习，和知音同好见上一面。"'岁月'给我们一种启示，从茶生活里领会把心态放静、放平的意味。"

三位姑娘们如今的生活纯净而充实，除了守着茶舍学艺授业，还会走出去讲课，定期拜访名师，每年定个地方上茶山考察，不断在学习中修炼自己，在创业中品味人生，传播茶文化。

（来源：《中山商报》2017 年 4 月 5 日）

思考与训练

1. 请结合你的项目或者团队，分析当前团队成员的结构及各成员的角色定位，并明确职责分工。

2. 如果要给团队成员分配股权，请设计具体的股权分配方案，以及分配依据，并经团队成员相互讨论，达成一致意见。

本章小结

团队组建应坚持目标明确、能力互补、精简高效、动态开放、责权利统一、相对稳定的原则。股权架构设计方案是股权激励和未来优秀团队执行力的终极体现。要避免常见的股权分配陷阱：平均分配股权，外部股权过多，核心创业者持股比例过低、股权过于分散，过早地分配股权等。没有最完美的个人，只有最完美的团队。

参考文献

[1] 黄海燕. 浅析创业团队的组建 [J]. 商场现代化，2008（9）.

[2] 斯晓夫，吴晓波，陈凌，邬爱其. 创业管理理论与实践 [M]. 杭州：浙江大学出版社，2016.

[3]Karen Holems,Corinne Leech. 个人与团队管理 [M]. 北京：中央广播电视大学出版社. 北京：清华大学出版社，2008.

[3] 姚裕群，徐晓青. 团队建设与管理 [M]. 北京首都经济贸易大学出版社，2015.

[4] 何叶，李鑫. 团队激励薪酬模式研究 [J]. 软科学，2004，18（6）：39-40.

[5] 方悦. 社会主义现代企业制度的理论与实践 [M]. 南昌：江西人民出版社，2000.

[6] 陈国海. 组织行为学 [M]. 北京：清华大学出版，2009.

[7] 徐俊祥. 大学生创业基础知能训练教程 [M]. 北京：现代教育出版社，2014.

[8] 薛中行. 中国式股权激励 [M]. 北京：中国工商出版社，2014.

[9] 杨小丽. 大众创业当老板 创业思路与团队组建 [M]. 北京：中国铁道出版社，2016.

第八章　筹措创业资金

很多企业不是拿不到钱而死去，而是拿到钱不知道怎么花而死掉。

——周鸿祎

第一节　创业融资概述

新企业从创立到成长，总会面临资金短缺的问题。一个新企业、新项目能否生存下去，在很大程度上取决于必需的资金投入能否按时到位。资金是新企业所需求的所有资源中最重要也是最紧缺的资源。

麦可思公司对毕业半年后创业人群的风险因素研究后发现，2011至2015届连续5年的大学生创业者都认为"缺少资金""缺乏企业管理经验""市场推广困难"是可能导致创业失败的三大风险，其中"缺少资金"稳居三大风险第一位。此外，在2011至2015届连续5年中，每年的自主创业者中约六成是靠父母、亲友投资或借贷。

图2　2010—2012届大学毕业生自助创业三年存活率

2010 届	42.2%
2011 届	47.5&
2012 届	47.8%

来源：麦可思－中国 2010—2012 届大学毕业生半年后培养质量跟踪评价，麦可思－中国 2010—2012 届大学毕业生三年后职业发展研究。

融资主要是指资金的融入，具体是指通过一定的渠道，采用一定的方法，以一定的经济利益付出为代价，从资金持有者手中筹集资金，满足资金使用者在经济活动中对资金需要的一种经济行为。创业融资既重要，又不易。

创业融资重要

资金是企业的血液

合理融资利于降低创业风险

根据企业不同阶段及风险特征安排资金有利于企业可持续发展

创业融资不易

新创企业不确定性大

资金供需双方信息不对称

资本市场欠发达

其他，如缺乏担保、人力资本难定价等

【数据参考】中国人民大学 2018 年 1 月 6 日在北京发布《2017 中国大学生创业报告》，这份覆盖全国 52 所高校的报告表明，大学生创业意愿持续高涨，大学生创业层次也在不断提升，但大学生创业制约因素依旧明显，资金缺乏和经验不足仍然是最主要的障碍。报告指出，资金不足依然是大学生创业的最主要障碍，大学生创业者的资金渠道来源少，主要靠自筹。

第二节　资金需求预测

资金是重要的创业资源，也是创业者资源整合的重要媒介。有效地吸收资金是每个创业者都极为关注的问题。据有关文献记载，倒闭破产的企业中有很多是盈利情况非常好的企业，而这些企业倒闭的主要原因是资金链断裂。企业可能不会由于经营亏损而破产清算，却常常会因为资金断流而倒闭。

大学生创业者在项目资金筹措前首先要做好资金的需求预测，明确资金的使用计划和方向，再选择资金筹措来源。一般来说，创业资金需求可分为固定资产投入资金（主要是开业前投资资金）和流动资产投入资金（主要是开业后运营资金）两部分。

固定资产投入资金　企业购买的价值较高、使用期限较长的物品所需的资金，如购置的机器、厂房、设备、工具、装修等。

流动资产投入资金　企业维持日常运转所需要支付的资金，如原材料、促销费用、工资福利、租金、水电燃气费、文具费、交通费、办公费等。

创业者可以通过预测每月的现金流入、现金流出，制订现金流量计划，明确流动资金需求，从而确保现金不断流。可参考下表，确保月末现金大于零。

现金流	项目预测	1月	2月	3月	4月	5月	……	12月	合计
现金流入	销售收入								
	业主投资								
	贷款融资								

（续上表）

现金流	项目预测	1月	2月	3月	4月	5月	……	12月	合计
现金流入	……								
	小计								
现金流出	房屋设备								
	原料采购								
	工资福利								
	办公用品								
	水电支出								
	设备维护								
	……								
	小计								
月末现金									

练一练

请根据上表，结合你的创业项目实际情况，制订项目的现金流量计划，从而测算项目开业前的投资资金、开业营运资金需求情况，并与小组同学一起讨论。

第三节　资金筹措渠道

融资渠道是指企业筹措资金的方向和通道，体现了资金的来源和流量。资金筹措渠道来源一般包括股权融资、债权融资、政府资金等。

一、股权融资

股权融资形成企业的股权资本，也称为权益资本、自有资本，是企业依法取得并长期持有，可自主调配运用的资金。广义上的股权融资包括内部股权融资和外部股权融资。

内部股权融资时将企业经营过程中产生的利润进行留存，用于企业继续经营形成的资金积累。

外部股权融资包括个人储蓄和亲友投资，风险投资等类型。创业项目外部股权融资主要关注的有种子投资、天使投资、风险投资（VC）、股权投资（PE）等。

××公司获得百万元天使投资，××公司获得1亿元C轮融资……一定经常看到这样的新闻吧？但究竟什么是A轮、B轮、天使轮，又或者是VC、PE呢？

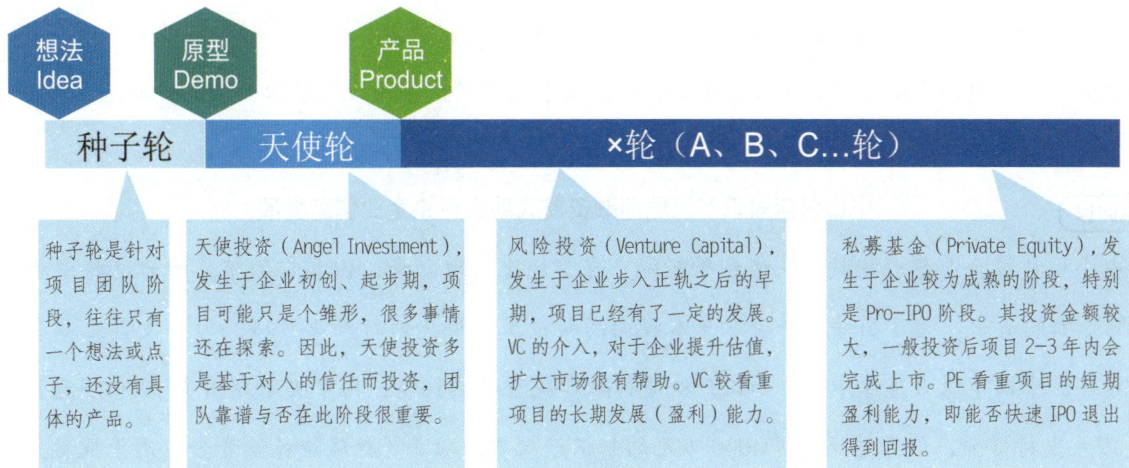

想法 Idea	原型 Demo	产品 Product	
种子轮	天使轮	×轮（A、B、C…轮）	
种子轮是针对项目团队阶段，往往只有一个想法或点子，还没有具体的产品。	天使投资（Angel Investment），发生于企业初创、起步期，项目可能只是个雏形，很多事情还在探索。因此，天使投资多是基于对人的信任而投资，团队靠谱与否在此阶段很重要。	风险投资（Venture Capital），发生于企业步入正轨之后的早期，项目已经有了一定的发展。VC的介入，对于企业提升估值，扩大市场很有帮助。VC较看重项目的长期发展（盈利）能力。	私募基金（Private Equity），发生于企业较为成熟的阶段，特别是Pro-IPO阶段。其投资金额较大，一般投资后项目2-3年内会完成上市。PE看重项目的短期盈利能力，即能否快速IPO退出得到回报。

IPO指首次公开募股(Initial Public Offerings，简称)，即上市。
Pre-IPO指投资于企业上市之前，或预期企业近期上市时。

二、债权融资

债权融资形成企业的债务资本，也称为借入资本，是企业依法取得并依约运用、按期偿还的资本。向亲友借款、向金融机构借款、交易信贷和租赁、向其他企业借款等是常用的融资方式。

亲友借款 创业者在向亲朋好友借入资金时也应按照现代市场经济规则、契约原则和法律形式来规范融资行为，保障各方利益，减少纠纷。

金融机构贷款 指企业向银行或非银行金融机构借入款项。创业者应注意自身的偿债能力，降低资金筹集成本，杜绝采用高利贷等非法贷款形式。同时，由于创业企业风险较高，价值评估困难，银行一般不愿意冒太大风险向创业企业提供贷款。这类贷款发放往往要求创业者提供担保，包括抵押、质押、第三人保证等。当然，随着互联网金融的发展，以及国家对创业的支持，市场上也涌现了一系列贷款融资产品，如阿里系的网上银行、京东金融等。

交易信贷 指企业在正常经营活动和商品交易中，由于延期付款或预收货款所形成的企业间常见信贷关系。

拓展阅读

中山创新知识产权质押融资模式助力科技企业创新发展

许多中小型科技企业想利用技术、专利等轻资产在市场上实现融资，但非常困难，因为这些中小型科技企业不太受金融资本的青睐。为了引导社会金融资本投向高新技术、科技创新产业领域，为科技企业融资开辟一片新天地，2016 年，中山市探索建立中山市知识产权质押融资风险补偿机制，由中央财政出资 1000 万元引导资金，市配套 3000 万元支持资金，设立总规模达 4000 万元的知识产权质押融资贷款风险补偿资金，用于撬动金融机构为科技型企业提供不少于 4 亿元的知识产权质押贷款，解决企业融资困难，使社会资本流向科技创新领域，助力科技企业创新发展。

为了保证财政资金安全、控制项目运作风险，中山市知识产权局在项目运作中，创新引入保险、评估机构，形成"政府银行、保险评估"共担风险的融资模式。保险和评估公司的加入，可以为银行贷款提供保险、增加企业贷款信用评级，同时也规范了专利价值的评估，这种融资模式既能够分担政府和银行的风险，将政府的风险责任由70%降低至54%，银行的风险责任由30%降低至26%，又形成了多方合作机构之间相互监督、相互制约的风险共担机制，起到了降低政府财政资金风险、调动银行放贷积极性、有效控制项目运作风险的多重作用。

中山市知识产权局出台《中山市知识产权专项资金使用办法》，配合知识产权质押融资贷款项目的实施，降低企业质押融资成本。对于企业贷款时产生的银行利息、保险费用、评估费用分别给予不超过支付费用50%的专项资金资助，企业的贷款年化成本将由8.96%降低到4.48%。

	股权融资	债权融资
优点	投资者不要求债务融资中常见的担保、抵押等方式，而是要求按一定比例持有企业产权，并分享利润和资产处置收益，能够承担企业经营的风险。创业者通过股权融资不仅得到资金，很多时候投资者拥有创业企业所需要的各种资源，如关系网络、人力资源、管理经验等。	债权融资需要支付本金和利息，但创业者可以保持对企业的有效控制，并独享未来可能的高额回报率。只要按期偿还贷款，债权方就无权过问公司的未来及其发展方向；债权方只要求固定的本息，既不承担企业成长性风险，又不享受企业成长性收益。
缺点	主要体现在控制权方面，由于股权稀释，创业者可能失去企业的控制权，在一些重大战略决策方面，创业者可能不得不考虑投资方的意见，如果双方意见存在分歧，就降低企业决策效率。企业如果成功上市，在融资的同时，也要承担披露信息等责任，部分创业者可能对此有顾虑。	缺点主要是这种融资方式要求企业按时清偿贷款，若不能保证经营收益高于资金成本，企业就会面临收不抵支甚至亏损。而且债务融资提高了企业的负债率，若负债过高，企业的再筹资和经营能力都面临风险。

三、政府资金融资

政府资金支持主要包括税收优惠、财政补贴、贷款援助、创业基地支持等，如中山市为符合条件的大学生创业者提供 5000 元的创业扶持金，为符合条件的初创企业提供社会保险补贴、创业带动就业补贴、小额贷款贴息等。

除此之外，各种创新创业大赛频出，创业竞赛奖金尤其丰厚。这在为优秀的创业项目带来丰厚奖金的同时，也获得了曝光、传播的效果。如 2017 年中国创新创业大赛上，中山市科技局为更好地发动和组织本市企业参赛，专门设立了市重大科技专项中小企业项目、创新创业大赛获奖补助项目，获奖企业最高可获得 200 万元的获奖补助，还可申报 100 万元的中山市科技重大专项，同时，还特意邀请中山报业传媒股份有限公司承接大赛媒体宣传工作，对大赛进行全程跟踪报道，及时更新大赛赛况，并为大赛获奖企业进行采访与后续宣传，提高获奖企业知名度。

创业者在筹集资金时应对债务资金、股权资金等的优缺点进行比较，并考虑企业资金的可得性、企业自身的风险收益特征、企业生命周期阶段、筹资的成本与风险，以及控制权分散等问题进行综合分析。

创业企业类型	创业企业特征	融资方式
高风险、预期收益不稳定	弱小的现金流 低、中等成长 未经证明的管理层	个人积蓄、亲友款项
低风险、预期收益易预测	一般是传统行业 强大的现金流 优秀的管理层 良好的资产负债表	债权融资

（续上表）

创业企业类型	创业企业特征	融资方式
高风险、预期收益较高	独特的商业创意 高成长 利基市场 得到证明的管理层	股权融资

拓展阅读

2016年4月12日，由人力资源和社会保障部劳动科学研究所与宜信公司共同合作完成的《中国青年创业现状报告》在北京发布，报告显示：从创业初始资金的构成来看，自有资金作为首要来源的占70.3%，他人（含家庭）资助作为首要来源的占20.1%，这两项是创业初始资金的主要来源。

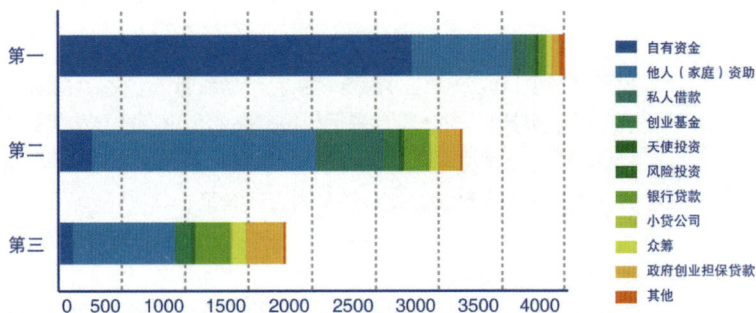

大学生重视自有资金积累、轻资产投入创业时，也应积极探寻多样化的筹资渠道。

第四节　众筹融资

众筹（Crowd-funding），即大众筹资或群众筹资，由发起人、支持者、平台构成，是向网友募集项目资金的模式。众筹利用互联网和 SNS 传播的特性，让小企业、艺术家或个人对公众展示他们的创意，争取大家的关注和支持，进而获得所需要的资金援助。

特征： 低门槛、多样性、依靠大众力量、注重创意。

发起人　　　　社交 / 众筹平台　　　　支持者

	众筹分类	含义	举例
投资模式	奖励 / 回报型众筹 (Reward-based crowd-funding)	投资者对项目或公司进行投资，获得产品或服务 (我给你钱，你给我产品或服务)。它一般是基于项目产品的优惠券或预售优先权。	众筹网、京东金融等
	募捐型众筹 (Donate-based crowd-funding	投资者对项目或公司进行无偿捐赠 (我给你钱，你什么都不用给我)。投资人考虑的多是创意项目带来的心理满足感。	腾讯公益等
购买模式	股权型众筹 (Equity-based crowd-funding)	投资者对项目或公司进行投资，获得其一定比例的股权 (我给你钱，你给我公司股份)。	人人投、天使汇等
	债权型众筹 (Lending-based crowd-funding)	投资者对项目或公司进行投资，获得其一定比例的债权，未来获取利息收益并收回本金 (我给你钱，你之后还我本金和利息)。	人人贷等

众筹是一种集资、众智以及众包的行为，它可能是为了筹集资金，可能是为了验证产品、锁定客户，也可能是为了筹集公益和责任，还有可能是为了筹集人脉和圈子。

案例思考

《大鱼海棠》：导演为 1 个梦追逐 12 年　4000 网友众筹 158 万元

这部电影的雏形其实来自于导演梁旋的一个梦，他梦到自己与大鱼在海底同游，"梦到自己和鱼在一起，很多人都遇到过，而且人和鱼有很密切的联系。"2004 年，梁旋和张春把这个梦制作成短片参加比赛，片子在网上很受欢迎，两人次年组建公司，希望能把这个梦拍成大电影，"由于时机并不成熟，我们只好一边接着商业活动维持收入，一边筹备细节。"

2013 年，梁旋、张春做了一个 6 分钟的样片，吸引了众多粉丝，两人在网上发起了众筹。导演回忆："4000多人筹到 158 万，最少的是 10 元，最多的是 50 万元，那是一个小女孩的嫁妆。"此举吸引了光线影业的注意，最后解决了资金难题，影片以成本 3000 万元左右制作完成。

结尾的字幕上，密密麻麻出现了这些众筹者名单，张春告诉记者："对我们来说，每位众筹者都是影片的一分子。"

筹资人通过讲述一个朴素而又真诚的故事，打动客户，完成融资！

众筹成功的关键

（1）深入灵魂深处的产品故事，极致/有温度的产品或服务。

（2）筹集天数恰到好处：众筹的筹集天数应该长到足以形成声势，又短到给未来的支持者带来信心。筹资天数为30天的项目最容易成功。

（3）目标金额合乎情理：目标金额的设置需要将生产、制造、劳务、包装和物流运输成本考虑在内，然后结合项目设置一个合乎情理的目标。

（4）支持者回报设置合理：对支持者的回报要尽可能的价值最大化，并与项目成品或者衍生品相配，而且应该有3至5项不同的回报形式供选择。

（5）项目包装：研究表明，有视频的项目比没有视频的项目多筹得114%的资金。而在国内的项目发起人，大多不具有包装项目的能力。

（6）定期更新信息：定期进行信息更新，以让支持者进一步参与项目，并鼓励他们向其他潜在支持者提及你的项目。

（7）鸣谢支持者：给支持者发送电子邮件表示感谢或在您的个人页面中公开答谢他们，会让支持者有被重视的感觉，增加参与的乐趣。

思考与训练

1. 学习完有关创业资金筹措的知识后，请思考讨论你目前的创业项目可以如何更好地获得所需资金？

2. 如果拟众筹一个国学的教育培训机构或幼儿托管园，你将如何来构思，最关键的要素有哪些？

本章小结

资金是重要的创业资源，也是创业者资源整合的重要媒介。大学生创业应尽可能选择轻资产投入的项目，融资要科学谋划、量力而行，在重视自身资金积累的同时，关注多样化融资渠道的选择，降低融资成本。

参考文献

[1] 王艳茹．创业基础如何教：原理、方法与技巧 [M].北京：清华大学出版社，2017.

[2] 景宏磊，李海婷．创新引领创业：大学生创新创业教程 [M].北京：中国石油大学出版社，2016.

[3] 张玉利．薛红志，陈寒松．创业管理 [M].北京：机械工业出版社，2013.

[4] 徐俊祥．大学生创业基础知能训练教程 [M]．北京：现代教育出版社，2014.

[5] 葛宝山．创业融资理论与实务 [M].合肥：中国科学技术大学出版社，2003.

第九章　创业计划与路演

一个人不能没有生活，而生活的内容，也不能使它没有意义。做一件事，说一句话，无论事情的大小，说话的多少，你都得自己先有了计划，先问问自己做这件事、说这句话，有没有意义？你能这样做，就是奋斗基础的最初奠定。

——戴尔·卡耐基

第一节　商业模式画布

一、商业模式

现代管理学之父彼得·德鲁克说过："当今企业之间的竞争，不是产品之间的竞争，而是商业模式之间的竞争。"然而，很多人对于商业模式的理解往往存在偏差，将它与收入模式、运营模式、管理模式甚至新型商业业态如O2O、B2C 等混为一谈。

商业模式是为实现客户价值最大化，把促进企业运行的内外各要素整合起来，形成一个完整、高效率且具有独特核心竞争力的运行系统，并通过最优实现形式满足客户需求、实现客户价值，同时使系统达成持续盈利目标的整体解决方案。简言之，商业模式就是如何创造和传递客户价值与公司价值的系统，其中体现了市场主体的战略逻辑、运营逻辑和经济逻辑。

商业模式不仅体现客户价值和公司价值的影响因素，同时也是融资、研发、生产、营销等要素相互协同实现价值的动态过程。商业模式一方面可以使创业者较为全面地了解自己创业的基础等要素，另一方面也能让创业者大致清楚如何通过运作实现要素的有效协同功效。因此，分析商业模式有助于明确创业目标和制订实施方案。

本质上，商业模式关注三个核心问题：你为谁服务（who）？你为客户创造什么价值 (what)？你如何为客户创造价值并实现自身价值 (how)？

优秀的商业模式应有以下特点：

有效性

主要体现在竞合关系上，指在创业实施过程中既能有效顾及自身、客户和利益相关者的价值，又能在市场竞争程中超越对手。

前瞻性

商业模式是对商业行业的一种前置性组织规划，尽管可能存在缺陷需要反复矫正，但仍需要创业者具备一定的前瞻性眼光。

系统性

好的商业模式必定是各要素间有内在联系的整体，在要素的共同作用下形成一个良性的系统。

创新性

商业模式必须具有较为独特的价值取向和不易被竞争对手短时间内复制和超越的创新特性。

适应性

指商业模式应具有应付多变的客户需求、宏观环境变化以及市场竞争环境的能力。好的商业模式必须始终保持应有的灵活性和应变能力。

二、商业模式画布

商业模式不仅仅是静态的各种商业要素结构，更重要的是构成要素之间具有紧密的内在协同关系。因此，好的商业模式能有效呈现创业行为过程中价值发掘、传递与实现的内在逻辑。奥斯特瓦德提出的商业模式设计框架——商业模式画布是一个能有效表现创业行业要素协同关系的分析工具。

商业模式画布是一种能够帮助创业者催生创意、降低猜测、确保他们找对目标用户、合理解决问题的工具。它将商业模式分为九个基本构造块，具体包括：CS 客户细分，VP 价值主张，CH 渠道通路，CR 客户关系，RS 收入来源，KR 核心资源，KA 关键业务，KP 重要合作，CS 成本结构。这九个构造块覆盖了商业的四个主要方面：客户、提供物（产品／服务）、基础设施、财务生存能力，比较全面系统地描述并定义商业模式。

优秀的商业模式应有以下特点。

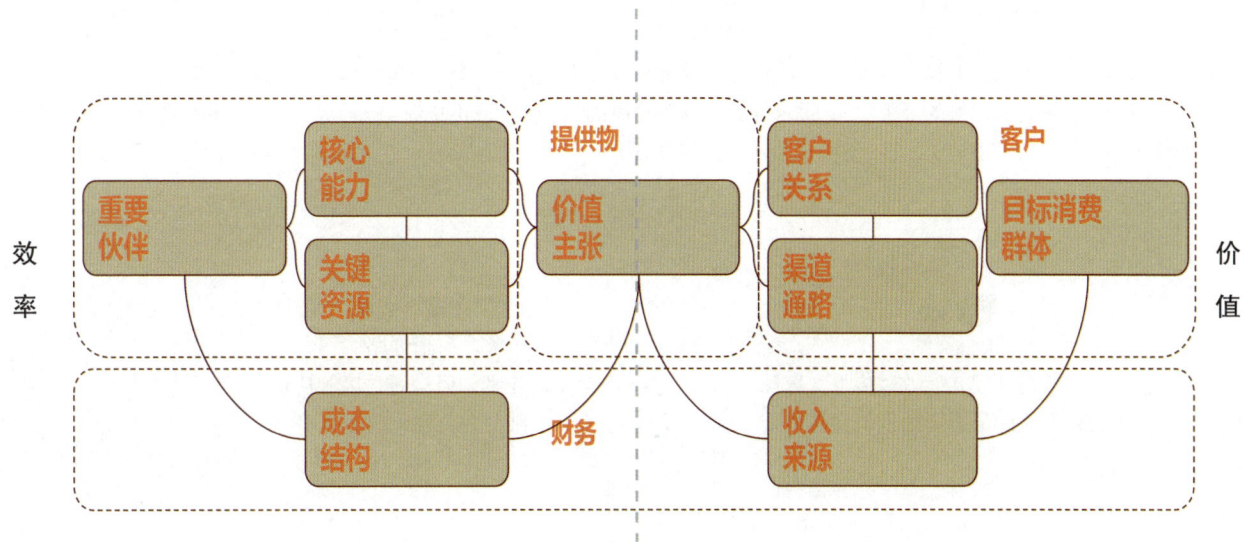

商业模式描述了企业如何创造价值、传递价值、捕捉价值的基本过程。右边体现了价值实现的过程，左边体现的是价值实现的效率。

根据商业模式框架，可以构建商业模式画布，各构成要素具有特定的内涵。

表 9.1　商业模式画布

KP 重要合作（实现商业模式有效运作所需的外部供应商与合作伙伴）	KA 关键业务（为确保商业模式可行，创业者必须做的最重要的事情）	VP 价值主张（为满足特定客户细分需求并为其创造价值的系列产品和服务）	CR 客户关系（创业者与特定客户细分群体建立的关系类型）	CS 客户细分（描绘一个创业者想要接触和服务的不同人群或组织）
	KR 核心资源（使商业模式有效运转所必需的最重要因素）		CH 渠道通路（创业者如何沟通、接触其客户细分并传递价值主张）	
CS 成本结构（运营商业模式所引发的所有成本）		RS 收入来源（创业者的相关收入来源）		

三、精益画布

商业模式其实是建立在一系列前瞻性假设基础上的要素结构和流程，在它没有验证之前都只是假设。对于创业实践来说，创业过程不能什么都是确定的，商业模式让创业者可以在条件不成熟的情况下形成一套具有一定可操作性的方案而不至于止步不前。但是，过多的假设可能为创业者设置过多风险，因此，从更精细的角度来说，商业模式画布更适合于已经有一定基础的企业，并不太适合于作为创业初期的团队，特别是不能以此当作大学生梳理创业思路的最佳工具来使用。基于商业模式画布的这一特点，慕尔雅（Ash Maurya）对商业模式画布进行了改造，提出了新的设计框架——精益画布。

精益画布通过对创业的思考，寻找市场切入点，明确项目的价值，发现核心竞争优势的着手点，定义盈利模式，确定接触用户的渠道，最终形成战略目标和行动计划。它从产品、从需求的最源头上面去分析，问题点比较明确，很切合实际，能帮助创业者验证项目是否可行，从而避免一些不必要的弯路。

精益画布包括以下九个要素，各要素都有特定的内在含义。

表9.2　精益画布的九个要素

【问题】 客户最需要解决的三个问题	【解决方案】 产品最重要的三个功能	【独特卖点】 用一句简明扼要但引人注目的话，阐述为什么你的产品与众不同，值得购买	【门槛优势】 无法被对手轻易复制或者买去的竞争优势	【客户群体分类】 目标客户
	【关键指标】 应该考核哪些东西（客户怎么找到你、客户第一印象、回头客、怎么赚钱、口碑）		【渠道】 如何找到客户	

【成本分析】 争取客户所需花费的所有费用	【收入分析】 盈利模式、客户终身价值、收入毛利

如何制作精益画布？

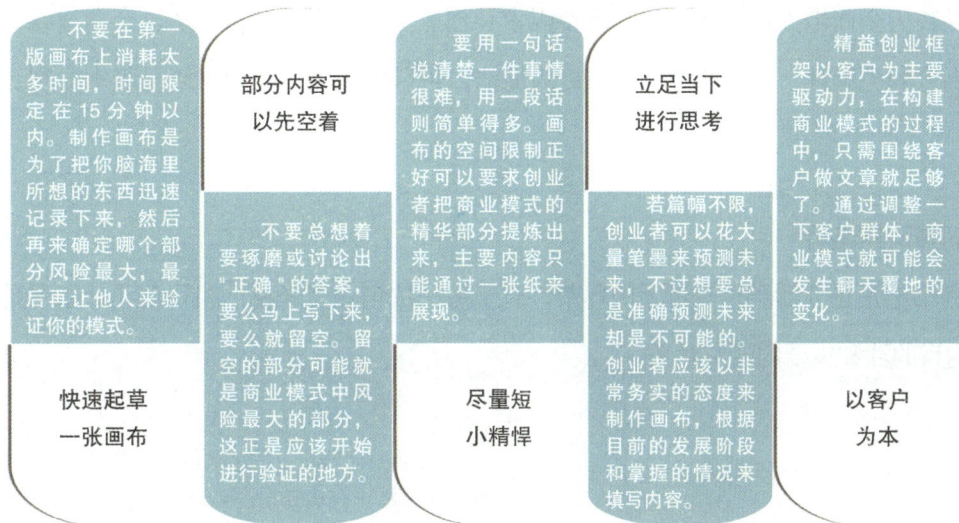

快速起草
一张画布

不要在第一版画布上消耗太多时间，时间限定在 15 分钟以内。制作画布是为了把你脑海里所想的东西迅速记录下来，然后再来确定哪个部分风险最大，最后再让他人来验证你的模式。

部分内容可以先空着

不要总想着要琢磨或讨论出"正确"的答案，要么马上写下来，要么就留空。留空的部分可能就是商业模式中风险最大的部分，这正是应该开始进行验证的地方。

尽量短
小精悍

要用一句话说清楚一件事情很难，用一段话则简单得多。画布的空间限制正好可以要求创业者把商业模式的精华部分提炼出来，主要内容只能通过一张纸来展现。

立足当下
进行思考

若篇幅不限，创业者可以花大量笔墨来预测未来，不过想要总是准确预测未来却是不可能的。创业者应该以非常务实的态度来制作画布，根据目前的发展阶段和掌握的情况来填写内容。

以客户
为本

精益创业框架以客户为主要驱动力，在构建商业模式的过程中，只需围绕客户做文章就足够了。通过调整一下客户群体，商业模式就可能会发生翻天覆地的变化。

第二节　制订创业计划

创业计划书是创业者描述创建一个新企业的基本思想以及对企业创建有关事项进行总体分析、安排的综合性文本。作为创业实践的规划性文件，创业计划书重点回答 5 个 W 和 1 个 H 的问题，即我们是谁（Who）、要做什么（What）、为什么要做（Why）、什么时候做（When）、在何地做（Where）和怎样做（How）。一份好的创业计划书基本可以较为全面地描述创业过程的重要因素和创业实施的内在逻辑，从这个角度看，创业计划书与商业模式画布有着高度的关联性，但商业模式画布更为简洁，可以作为创业计划书简易版本或制订创业计划书的先导性文件。

一、创业计划书及其作用

制订创业计划书不是创业活动可有可无的环节，对于每一位创业者来说，编写创业计划书是一项意义非凡的工作，具有很强的目的性和重要的现实意义。

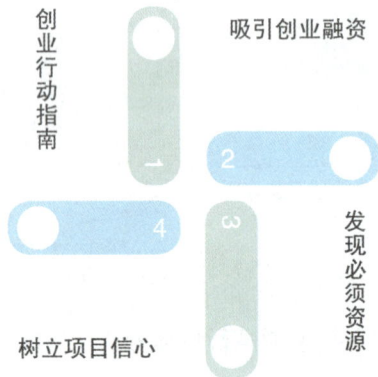

创业行动指南

吸引创业融资

1

2

4

3

发现必须资源

树立项目信心

1. 创业计划书在描述拟创办企业相关的内外部环境条件和要素特点的过程中，能帮助创业者进一步理清思路，为业务的发展提供指南和衡量业务进展情况的标准。

2. 几乎所有的专业投资者与融资机构都必须看到一份可以接受的创业计划后，才会展开相关的投资评估。创业计划是创业者叩响投资者大门的"敲门砖"。

3. 制订创业计划书可以使创业者发现所必需的资源，了解所需资金、设备、人员等各方面的情况，其质量往往会直接影响创业者能否找到合适的合作伙伴、获得资金及其他政策支持。

4. 创业计划书能展示项目的商业价值，有助于提高和巩固创业者、投资人及其员工对企业发展的信心，从而得到充分理解和支持。

二、创业计划书框架

凡事预则立,不预则废。这样的警示使得准创业者把编写创业计划书变成一种时尚和创业过程中需要迈过的坎。创业计划书到底怎样撰写才算优秀,才符合目标读者的期望,到底要写哪些内容呢? 在长期的实践过程中,人们对创业计划书涉及的基本内容和体例有比较相似的认识,形成了相对固定的内容体系。

表 9.3　创业计划书的内容框架

序号	模块	具体内容
1	封面	创业者姓名、联系方式、企业地址、logo、保密要求等
2	计划摘要	对整个创业计划书做一个关键信息的提炼,重点回答"卖什么""卖给谁"和"如何卖"
3	目录	正文二级标题
4	企业描述	描述企业性质、经营理念以及对企业的希望。内容有:创业背景和发展的立足点,包括企业定位、企业战略、阶段目标以及企业制胜因素等
5	产品 / 服务介绍	产品 / 服务的具体界定、产品 / 服务的特点和竞争优势、产品 / 服务知识产权情况、产品 / 服务的研发情况等
6	市场机会分析	产品 / 服务的市场特征、市场细分、竞争分析、市场定位、目标市场容量描述、销售渠道分析等
7	市场营销计划	STP 营销战略与产品、渠道、价值和促销(4P)策划
8	生产运营分析	产品 / 服务生产要求、厂址选址、项目进度、生产 / 服务流程、质量标准、管理体系等
9	财务计划	销售额、销售费用、管理费用的预测,资产负债表、现金流量表、损益表,以及投资净现值、内含报酬率、盈亏平衡分析、利润率等指标
10	组织管理	主要人员的经历、能力、职务和责任,企业组织机构图及各部门的功能职责,报酬体系、股东名单,包括认股权、比例等
11	投资分析	股本结构与规模、资金来源与用途、投资回报的方式、预计的投资回报周期、风险资本退出方式及退出时间表
12	风险分析	所面临的发展机遇、可能存在的风险、风险的应对策略等
13	附录	包含在正文没有列出而又需要列式的内容和文件

从创业计划书的内容框架可以看出，创业画布的所有内容几乎都有体现，只是创业计划更为详细和深入，创业画布可以看成是精简版的创业计划书，因此，在写作创业计划书时，可以先从绘制创业模式画布开始，从粗到细地充实创业计划。

三、创业计划书撰写要求

好的创业计划书既体现在形式上，又体现于内容上，是形式与内容的完美组合。此外，创业计划书对现实创业实践要有指导价值，就必须建立在客观事实的基础上，因此，写作一份真正对创业有指导价值的创业书须以广泛的调研为前提。写作过程应特别注意以下几个方面的要求。

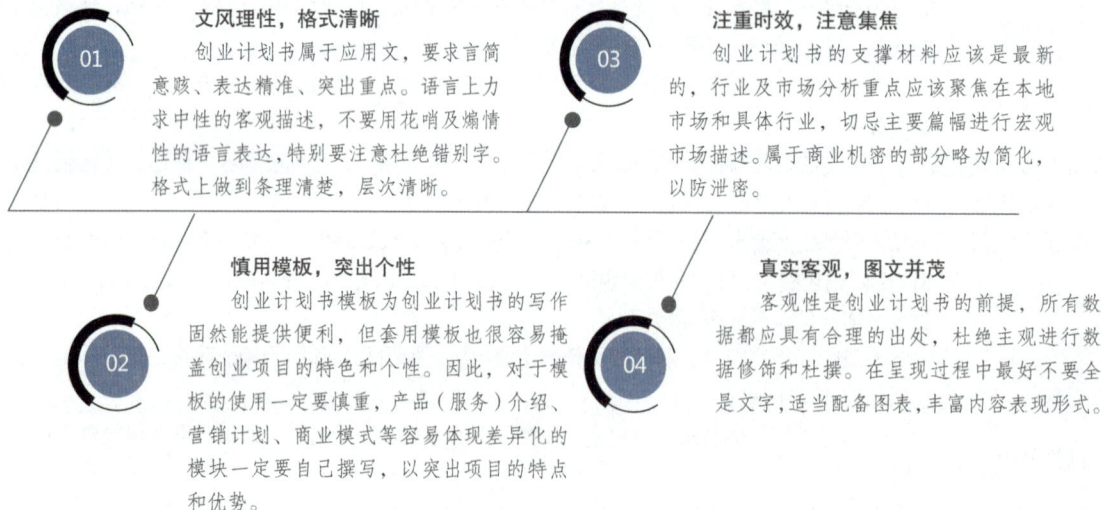

01 文风理性，格式清晰

创业计划书属于应用文，要求言简意赅、表达精准、突出重点。语言上力求中性的客观描述，不要用花哨及煽情性的语言表达，特别要注意杜绝错别字。格式上做到条理清楚，层次清晰。

02 慎用模板，突出个性

创业计划书模板为创业计划书的写作固然能提供便利，但套用模板也很容易掩盖创业项目的特色和个性。因此，对于模板的使用一定要慎重，产品（服务）介绍、营销计划、商业模式等容易体现差异化的模块一定要自己撰写，以突出项目的特点和优势。

03 注重时效，注意集焦

创业计划书的支撑材料应该是最新的，行业及市场分析重点应该聚焦在本地市场和具体行业，切忌主要篇幅进行宏观市场描述。属于商业机密的部分略为简化，以防泄密。

04 真实客观，图文并茂

客观性是创业计划书的前提，所有数据都应具有合理的出处，杜绝主观进行数据修饰和杜撰。在呈现过程中最好不要全是文字，适当配备图表，丰富内容表现形式。

广东中山走出摩的版"滴滴"

正当"滴滴"兴起，时任 58 同城中山市区域副总经理的张东认为，移动互联网领域进到了一个风口之中，于是他选择了辞职创业，创办无忧帮帮，成立了中辰信息科技公司。张东主打以摩的为核心的生活服务平台，具体服务内容包括短途出行、外卖、快递、搬家、上门维修等。由于团队财力有限，张东开始向市场寻求融资。在 2016 年 9 月 9 日完成的商业计划书中，无忧帮帮希望能在天使轮中融到 300 万元。但是，国内摩的市场较为混乱，"黑摩的"的观念影响深刻，张东融资不顺利，曾被 50 多位投资人拒绝，但他依旧看好摩的市场的前景，他认为中国有 9000 万摩托，全面禁摩的话是不现实的。从在中山市大街小巷中穿行的摩托车，街边随处可见的摩的可以看出，摩的比起汽车，有着显而易见的优势：方便短距离接送且不用担心堵车的问题。张东决心要让摩的甩掉"黑摩的"的帽子，做中国的 Go-Jek。他精心构建商业模式，努力规范摩的市场，对司机的从业资格和身份进行审核。

目前，无忧帮帮的两大主打产品为"摩的专车"和"帮帮跑腿"，已在全国多个城市开展布局，用户们也会把它称作"摩的版滴滴"。在 2016 年 10 月获得 180 万人民币天使轮融资之后，2017 年 4 月，无忧帮帮又完成数百万人民币天使轮融资。

第三节　创业项目路演

一、项目路演及价值

路演（Roadshow），原义是在路边进行演示的活动。早期华尔街股票经纪人在兜售手中的债券时，为了说服别人，总要站在街头声嘶力竭地叫卖。后来，路演被创业者借鉴，被用于促进投融资等重要活动。项目路演是同时实现创业者与多个投资人零距离对话、平等交流、专业切磋的一个重要渠道，可以促进创业者和投资人的充分沟通和深入了解，最终推动创业项目汇集资源的进程。

项目路演分成线上项目路演和线下项目路演。线上项目路演主要是通过在线视频的互联网方式对项目进行讲解，线下项目路演主要通过活动专场对投资人进行面对面的演讲以及交流。

二、项目路演准备

如有可能，提前对评委做些简单的功课，有利于创业者与资助人的交流。提前想好资助人可能会问的问题、对商业逻辑中容易受到质疑和否定的部分做好应对准备、重点围绕听众最想听到的关键进行阐述。

梳理内容，分析需要向听众传递信息的主次，不需要面面俱到，次要问题一带而过。展示材料避免出现密密麻麻的文字，以简洁明了的图片、数据、柱状图为主，配以一些简单的总结性话语。对各部分内容进行时间分配。PPT一般控制在15页左右。

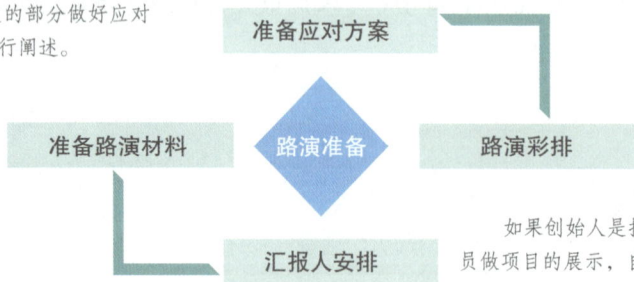

路演需要向听众展示的范围广、内容杂，很多汇报人不能做到在给定的时间内将项目介绍完整，结果该说的没有说，资助人无法真正了解项目情况，而且很可能对汇报人的能力产生怀疑。此外，充分练习也能让汇报人熟悉材料并有效避免正式路演时怯场。

如果创始人是技术出身不擅长社交，可以让团队其他成员做项目的展示，自己则作为旁听者，必要的时候做补充。挑选好演讲者，要对项目的商业模式、行业背景、团队和资源、融资计划等内容熟记于心并能适度展开。

准备应对方案

准备路演材料　　路演准备　　路演彩排

汇报人安排

三、项目路演流程

项目路演虽然没有固定的汇报流程，但却存在相对有效的思路认知逻辑。从一个故事开始，引出某个行业的痛点，给出自己的特色解决方案，再到最后的公司愿景，最后是希望获得的帮助和给予支持者的回报，整个汇报思路流程要浑然一体，环环相扣。

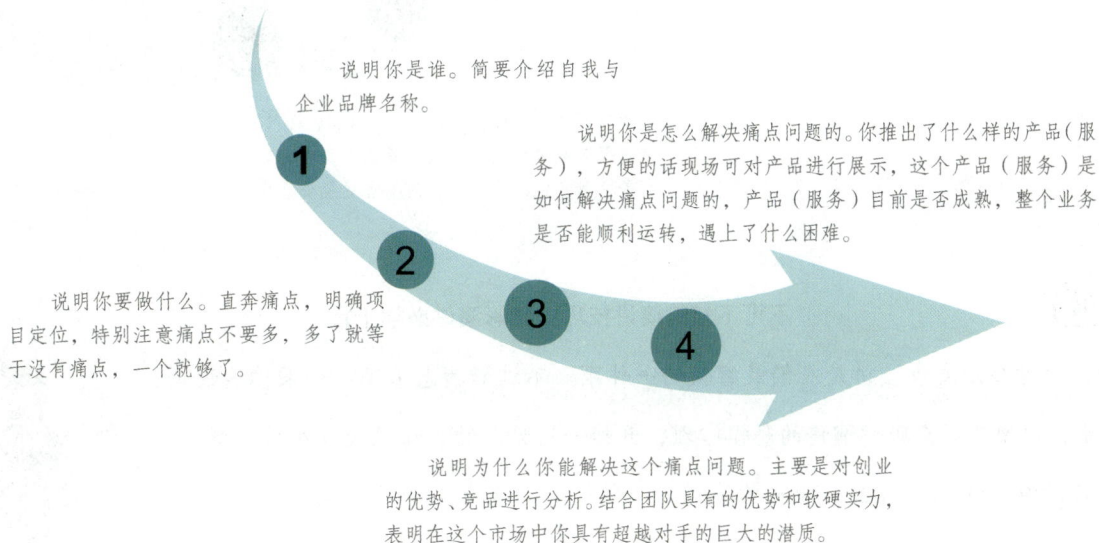

说明你是谁。简要介绍自我与企业品牌名称。

1

说明你是怎么解决痛点问题的。你推出了什么样的产品（服务），方便的话现场可对产品进行展示，这个产品（服务）是如何解决痛点问题的，产品（服务）目前是否成熟，整个业务是否能顺利运转，遇上了什么困难。

2

说明你要做什么。直奔痛点，明确项目定位，特别注意痛点不要多，多了就等于没有痛点，一个就够了。

3

4

说明为什么你能解决这个痛点问题。主要是对创业的优势、竞品进行分析。结合团队具有的优势和软硬实力，表明在这个市场中你具有超越对手的巨大的潜质。

说明你取得的阶段性成绩。告诉资助者你不是光有一个 idea，而是具有一定前期运营基础的项目，出示现有的运营数据和成果或其他所有证明项目价值市场潜力的素材，如客户鉴证、媒体报道、专家推荐等。

5

展示项目财务预估和融资信息。介绍融资目的、融资对项目的促进、效能预测。如果融资能够成功，还要粗线条地介绍一下融资使用计划等。

6

介绍你的团队。概要性介绍核心团队成员，与项目无关的经历不要涉及，重点强调团队没有短板而且能很好地各司其职，以强化资助人对项目顺利执行的信心。

7

8

说明你需要哪些资助，对回报有什么打算。用数据测试分析所做的项目需要多少钱，为什么是这么多钱，并以哪些回报满足投资人的投资收益。

拓展阅读

不可不知的演讲技巧：精彩演讲必学十招

据统计，面对公众发表演讲是人们最害怕的一件事。不过好消息来了，如果你能遵循以下十点提示，你便能够克服对演讲的恐惧心理，开始一场精彩的、让观众投入的演讲。

1. 浓缩你的演讲主题。你最好能将你演讲的主题精简到只有 30 秒的一段话。为此你要怎么做呢？这就必须从你的演讲目的着手。它是用来传达知识吗？如果是，那么它的重点是什么？或许你的演讲目的是呼吁听众行动起来，那么你希望他们采取什么行动呢？或许你就是为了让听众有所感悟。这些最重要的内容才是你需要在演讲中强调的。首先，写

出首稿，不必理会字数是多少。一旦初稿完成，就要浓缩它。在演讲时，在任何适当的时机重复你的演讲主题三遍以上，但是，你一定要在演讲的开始，中段，尤其要在末尾提及演讲主题。

2. 三个要点。这适用于长短不同的演说。即使你必须表达很多不同的想法，你也要尽力将它们归纳成围绕主题的三个要点。在演讲开始时让你的听众知道你会谈论这三个要点。这会有助于他们紧跟你的思路，特别是让你在没有使用其他视觉辅助工具的时候，仍然保持听众的注意力。

3. 列举最有力的资料和事实。如同准备你的演讲主题，将所有可能包含到演讲中的资料都收集起来。然后详细地分析它们，选取最能充分表现演讲主题和三个要点的资料。谨记：宁缺毋滥。如果那些资料不能强有力地支持主题，就不要用它们。

4. 借助视觉辅助工具。尽可能将幻灯片制作得简明扼要。尽量使用图画和图表以代替文字。

5. 使用演讲卡片。如果你在演讲的时候一定需要提示，那么就使用一些只写有要点和事例的提纲小卡片。读稿式的演讲听上去只会像是读稿，而且很可能留不住听众的注意力。

6. 勤加练习。想想，你们当中有多少人演讲会选择即兴发挥？很好，你不是唯一一个。现在再想想，你们当中有多少人，当踏上演讲台时会想："噢，我应该事先练习一下。"好了，那你现在明白我是什么意思了吧。练习的目的不是能够将每个字准确读出来，而是要能够记住演讲的大概内容，让演讲时语气听上去自然一点，让自己演讲时放轻松。练习演讲至少五次，而且至少有一次有录音。这会有助于修正你的演讲风格。

7. 释放焦虑情绪。在发表讲话前，通过进行一些简单的运动为自己打气，释放一部分紧张情绪。比如说跳跃运动，挥舞手臂，在走廊边慢跑边听音乐。在演讲开始前 5 分钟停下来，对笔记做最后一次简单的回顾。

8. 运用自我激励的话语。在你登台演讲之前，对自己说一些自我激励的话，比方说："今天我的演讲一定会很成功！""听众一定会领会我的意思，并受到鼓舞立刻行动的！""我一定会演讲得很开心！我已经等不及要开始了！"……

9. 保持微笑、轻松、自在。愉快地享受演讲的过程吧。你可能会摔倒、打喷嚏、嘴巴干渴、喘气等。不过谁介意呢？就算真的发生了这样的事，只需保持微笑，适当的话让它变成令你的听众轻松一笑的题材。然后继续你的演讲。就像比赛中的滑冰选手，即使跌倒了，也保持微笑立刻爬起来并继续比赛。

10. 当你不能笑的时候。例外的情况是，你要发表一场严肃、庄重的演讲时，你不能面带微笑。在这种情况下，演讲前的几分钟，闭上眼睛，想一下应该用什么适当的神态和语调来演讲。想象也是一种十分有用的演讲练习。

（来源：网络）

他山之石

路演达人孙中山是怎样做路演的？

孙中山（1866—1925年），名文，字载之，号日新，又号逸仙，幼名帝象，化名中山樵，常以中山为名，是中国近代民族民主主义革命的开拓者，中国民主革命伟大先行者，中华民国和中国国民党缔造者，三民主义的倡导者，创立《五权宪法》。他首举彻底反封建的旗帜，"起共和而终二千年帝制"。

他真的数次被打败，但又一次次回来。

这不是一个擅长战场拼杀的斗士，长于作战和暗杀的黄兴甘当配角，即使后来闹掰了也尽量表达对他的敬重。

他在海外活动感到事业绝望的时候，别人起义成功后，请他回来担任临时大总统。

一位众筹达人、路演达人是怎样炼成的？无数次被重新打回种子轮或者 A 轮，究竟是一种什么样的体验？

自我包装

孙中山曾经希望面见李鸿章，实现自己的政治理想，很快发现此路不通，后来的人生就从"见大 V"谈合作，变成了"自己当大 V"。

1896 年，孙中山因为从事革命遭到清政府在全球范围的追查，10 月在伦敦被捕。在伦敦朋友的帮助下，孙中山很快被释放，并把自己的被捕过程，写成了一篇《伦敦蒙难记》，经英国媒体发表引起巨大的国际反响。

自述性的爆款文章＋外媒的推广＋从清朝统治者的抓捕中脱逃，三件事代表了孙中山的力量。

孙中山被很多青年人视为偶像，有了一批拥护者。

股权激励

"不谈期权的创业合伙都是耍流氓。"

在"人人都把中国前途问题横在心上"的晚清，孙中山曾经用股份制描述他的创业前景：

帝国是家天下，民国是公天下。好比做生意，帝国是东家生意，民国是公司生意。东家生意赚了钱，只有一个人享受，但公司生意赚了钱，股东都有份。中华民国人民，都是这个公司的股东。

孙中山生于广东，长在夏威夷，商业文明耳濡目染，对钱并不避讳。和他相比，许多生于内陆省份的革命者就显得更富有战斗气息。

意志坚定对于创业者来说非常关键，孙中山对自己勾画描摹的愿景深信不疑，在融资时就敢于作出承诺，承担风险。

革命事业像创业一样，都得烧钱。香港兴中会宣言里做了号召会员买"革命股票"的规定，每股收银十元，收银后发给入股者一张"银会股票",革命成功后,每股可收回本利百元。孙中山由此筹到港币 1.3 万元。

语言天分

出色的创业 CEO 大多得具备一定的语言天赋。

生于广东的孙中山母语是粤语,平日跟部下和同志们说国语。他还能讲一口流利的英语和日语,他早年在檀香山和香港受过教育,也多次前往日本。据说孙中山还能听懂客家话,粤语和客家话都是和海外华侨交流的利器。

演讲达人

孙中山是个真正的演讲达人,演讲稿就出了好几本。他提倡"日日出而演讲","革命成功极快的方法,宣传要用九成,武力只可用一成。"

许多参加辛亥革命的老人回忆,他们正是听了孙中山先生的演说才投身辛亥革命的。孙中山曾说过:"余少时练演说,对着镜子练习,练语气、练姿势……"

（节选自《路演达人孙中山是怎样做路演的？》）

思考与训练

1. 创业画布的结构要素有哪些?

2. 商业模式画布与精益画布有什么区别?

3. 创业计划制订的核心内容有哪些? 撰写一份优秀的创业计划书要注意哪些问题?

4. 结合你将要实施的项目,编写一份创业计划书。

扫一扫,告诉你

本章小结

在创业实践实施之前，创业者须对初期创业行为有所规划，以便客观分析将要面临的困难与问题，并为其寻求帮助并为顺利解决问题提供可行性方案。创业画布和创业计划书正是为实现这一目标应运而生的。相比于创业计划书，创业画布更为精要地展示商业目标实现的关键要素及商业模式，创业计划书则较创业画布详细并具有创业操作指导性。创业画布可以作为制作创业计划书的先导性文件。

项目路演是展示创业项目的常用方法。做好一场项目路演，一方面需要合理组织项目展示文本，实现重要信息的有效呈现；另一方面对汇报人的表达和应变能力提出了较高的要求，这是创业者在路演之前要特别注意的。

参考文献

[1] 钟耕深，孙晓静. 商业模式研究的六种视角及整合 [J]. 东岳论丛，2006.

[2] 傅世昌，王惠芬. 商业模式定义与概念本质的理论体系与研究趋势 [J]. 中国科技论坛，2011.

[3] 魏江等. 商业模式内涵与研究框架建构 [J]. 科研管理，2012.

[4] 张其翔. 商业模式研究理论综述 [J]. 商业时代，2006.

[5] 孙洪义主编. 创新创业基础 [M]. 北京：机械工业出版社，2016.

[6] 朱燕空主编. 创业学什么——人生方向设计、思维与方法论 [M]. 北京：国家行政学院出版社，2016.

[7] 王华，卢卓主编. 创业实务 [M]. 北京：高等教育出版社，2015.

[8] 胡海波. 创业计划 [M]. 北京：厦门大学出版社，2011.

[9] 冯晓霞. 如何进行一次成功的路演 [J]. 光彩，2016.

[10] 沈川. 演示设计与口碑传播 [J]. 杭州金融研修学院学报，2012.

[11] 路演达人孙中山是怎样做路演的？商业周刊中文版 2016.4.11.

第十章　新创企业管理

业精于勤，荒于嬉；行成于思，毁于随。

——韩愈《进学解》

互动游戏：暖场鼓掌游戏

【游戏规则】教师喊"开始"时，让学生一起鼓掌；喊"停"时，结束鼓掌，并自然地将双手握在一起。教师进行动作统计。

【游戏点评】习惯右手大拇指在上的有多少人？祝贺你们！因为你们都非常擅长感性思维，性格相对柔和，脾气好，替他人思考多，情商相对较高。

习惯左手大拇指在上的人，也祝贺你们！因为你们都擅长理性思维，做事爱动脑筋，逻辑性好，创造力强；而且记忆力好，反应快，智商相对较高。

双手平行的人，祝贺你们。因为你们既擅长感性思考，又擅长理性思维。

【游戏总结】经营企业时，该用理性（规则和制度）的时候要做到足够理性；该感性的时候（人性化）要足够有人情味，这样才能张弛有度，将员工紧紧团结在核心团队周围，保持企业可持续发展。

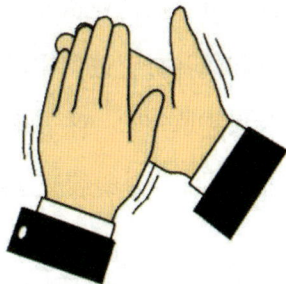

第一节　公司注册程序

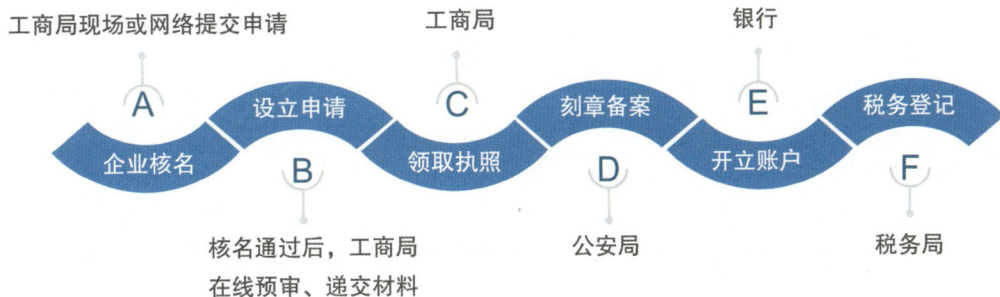

工商局现场或网络提交申请　　　工商局　　　银行

A　设立申请　C　刻章备案　E　税务登记

企业核名　B　领取执照　D　开立账户　F

核名通过后，工商局
在线预审、递交材料　　公安局　　税务局

国办发〔2016〕53 号《国务院办公厅关于加快推进"五证合一、一照一码"登记制度改革的通知》规定：在全面实施工商营业执照、组织机构代码证、税务登记证"三证合一"登记制度改革的基础上，再整合社会保险登记证和统计登记证，实现"五证合一、一照一码"登记制度，完善一站式服务工作机制，申请人办理企业注册登记时只需填写"一张表格"，向"一个窗口"提交"一套材料"，由登记部门直接核发加载统一社会信用代码的营业执照。这是继续深化商事制度改革、优化营商环境、推动"大众创业、万众创新"的重要举措。

第二节　企业生命周期

互动游戏：企业生长曲线

请问，企业的发展／生长有规律吗？请思考企业作为一个组织是如何发展／生长的，你会如何绘制一家企业的发展／生长曲线？原因是什么？请画出来和其他同学一起讨论。

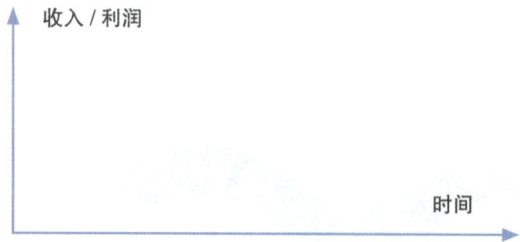

收入／利润

时间

正如人要经历生老病死一样，世界上任何事物的发展也都存在生命周期，企业也不例外。

美国人伊查克·爱迪斯（Ichak Adizes，1937-）曾用20多年的时间研究企业如何发展、老化和衰亡，写出了《企业生命周期》一书，将企业生命周期分为十个阶段，即孕育期、婴儿期、学步期、青春期、壮年期、稳定期、贵族期、官僚化早期、官僚期、死亡。

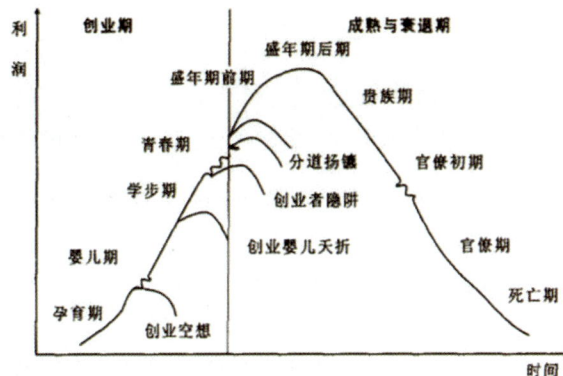

表 10.1　企业生命周期

时期	特点
孕育期	企业尚未诞生，仅仅是一种创业的意图
婴儿期	行动导向，机会驱动，因此缺乏规章制度和经营方针；表现不稳定，易受挫折，管理工作受危机左右；不存在授权，管理上唱的是独角戏；创业者成为企业生存的关键因素
学步期	企业已经克服了现金入不敷出的困难局面，销售节节上升，企业表现出快速成长的势头。但企业仍是机会优先，被动的销售导向，缺乏连续性和重点，因人设事
青春期	企业得以脱离创业者影响，并借助职权的授予、领导风格的改变和企业目标的替换而再生。"老人"与新来者之间，创业者与专业管理人员之间、创业者与公司之间、集体目标与个人目标之间的冲突是这一时期的主要问题
盛年期	企业的制度和组织结构能充分发挥作用；视野的开拓与创造力的发挥已制度化；注重成果，企业能够满足顾客的需求；能够制订并贯彻落实计划；无论从销售还是盈利能力来讲，企业都能承受增长所带来的压力；企业分化出新的婴儿期企业，衍生新的事业
稳定期	企业依然强健，但开始丧失灵活性，表现为对成长的期望值不高；不努力占领新市场和获取新技术；对构筑发展愿景失去兴趣；对人际关系的兴趣超过了冒险创新的兴趣

（续上表）

时期	特点
贵族期	大量的资金投入到控制系统、福利措施和一般设备上；强调的是做事方式，而不问所做的内容和原因；企业内部缺乏创新，企业把兼并其他企业作为获取新的产品和市场的手段；资金充裕，成为潜在的被收购对象
官僚化早期	强调是谁造成了问题，而不去关注应采取什么补救措施；冲突和内讧层出不穷；注意力集中到内部争斗，忘记了顾客
官僚期	制度繁多，行之无效；与世隔绝，只关心自己；没有把握变化的意识；顾客必须想好种种办法，绕过或打通层层关节才能与之有效地打交道

（来源：根据伊查克·爱迪斯.企业生命周期[M].北京：中国社会科学出版社，1997.整理）

第三节　新企业管理问题

据发达国家创业数据统计：每年都有上百万家新企业诞生，有 35%
的新企业在当年就失败了。活过 5 年的只有 30%，生存 10 年的仅有
10%。同时，导致创业失败的原因前三位分别是市场（27%）、管理（24%）、
技术（12%）。我国创业数据统计结果也显示：我国创业者的失败率高
达 70% 以上。七成企业活不过 1 年，企业平均寿命不足 3 年。

	成熟企业行为逻辑		新创企业行为逻辑
对未来的认识	预测：把未来看作过去的延续，可以进行有效预测		创造：未来是人们主动行动的某种偶然结果，预测不重要，人们做的是如何创造未来

（续上表）

	成熟企业行为逻辑	新创企业行为逻辑
行为原因	应该：以利益最大化为标准，通过分析决定该做什么	能够：做你能够做的，而不是根据预测结果去做你应该做的
采取行动的目的	目标：从总目标开始，分解子目标，采取相应行动	手段：从现有手段开始，设想能够利用这些手段采取什么行动，实现什么目标；子目标结合构成总目标
行动路径的选择	既定承诺：根据对既定目标的承诺选择行动路径	偶然性：现在的路径是为了以后能出现更多更好的路径，因此路径可能随时变换
对风险的态度	预期回报：更关心预期回报的大小，寻求能利益最大的机会，而非降低风险	可承受的损失：在可承受的范围内采取行动，不去冒超出自己承受能力的风险
对其他公司的态度	竞争：强调竞争关系，根据需要对顾客和供应商承担有限责任	伙伴：强调合作，与顾客、供应商甚至潜在的竞争者共同创造未来市场

新企业存在的问题

01 市场资源缺乏，品牌知名度低，客户认知度不高

02 融资渠道较单一

03 企业员工处在不断磨合阶段，成员角色认知不清

04 管理制度和业务流程不规范，缺乏标准化，凭经验做事

05 因人设岗，岗位职责交叉、重叠或空缺

06 工作目标和计划随意性强，或被客户牵引或跟着感觉走

新企业管理的特殊性

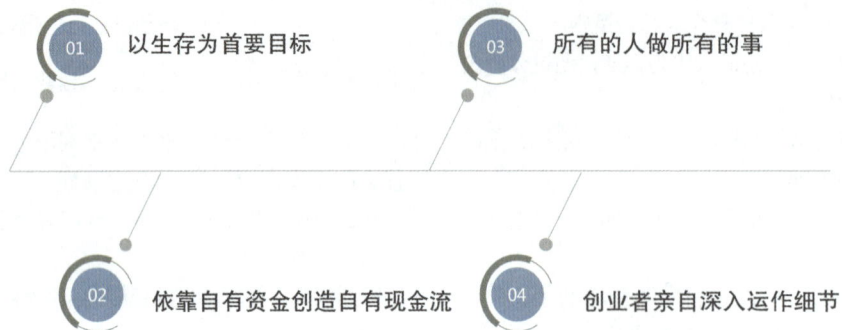

01　以生存为首要目标　　　03　所有的人做所有的事

02　依靠自有资金创造自有现金流　　　04　创业者亲自深入运作细节

第四节　新企业生存管理

生命周期	发展目标和战略	管理结构和重点	所需核心能力
初创期	仅有商业构想，努力推出能满足特定市场需求的产品和服务，争取生存	组织规模小，结构简单，管理权高度集中，没有规范的管理流程，因人设事	商业眼光、研发能力、营销能力
成长期	需要有明确的市场目标和策略，积极参与竞争，建立管理规范，追求更大发展	组织迅速扩大，职能部门陡增，但是分工不明，调整频繁。逐渐规范内部管理制度和建立预算体系，大量吸引人才，重视激励机制	市场营销、组织协调、财务管理
成熟期	市场份额稳步扩大，建立以盈利为目标的经营战略，强调财务监控	组织基本稳定，分工细化，管理逐渐成规范化、制度化、重视预算管理、成本管理和业绩管理，重视人员培训	技术领先、社会联系、专有管理
重组期	需要确定新的发展方向，进行必要的重组和并购	组织增加，责权重新划分，管理体系需要全面提升，需要控制费用和成本，加强预算控制	技术更新、预算控制、变革管理

新企业生存管理特征及策略

时期	管理特征	问题	发展策略
孕育期	领导人的勇气和风险意识是发展的关键 以市场需求和产品为导向	市场需求估计过于乐观 对利润的追求容易扼杀新企业 缺乏敢担风险的领导	市场导向的产品发展 选择合适的领导人
婴儿期	对销售收入极为关注 领导者大权独揽，缺乏制度和规范 资金平衡及领导者的忘我投入是关键	以折扣降价来刺激销售成长 讲求规范和程序化运作会降低企业灵活性 太早的授权使企业失控 企业领导人缺乏足够的工作热情 资金不恰当地投在长线项目里	拓展资金渠道 有效地平衡和控制资金 销售扩张
学步期	业内有一定的市场地位，生存有保障 内部管理一般还不规范	领导人容易将兴趣放在多元化投资上，容易造成现金流枯竭，主业得不到支持 过早地授权而未建立有效的管理控制体系，容易造成失控	业务范围控制 强化市场策略 强化销售控制
青春期	管理滞后容易出现派系和权利斗争	规范的管理体系与既有的管理风格冲突 职业经理人和董事会合伙"赶走"创始人，使企业丧失创新精神 过分的权利斗争使企业产生离心力	组织管理体系引入 职业经理人导入 创新精神巩固

第五节　打造高成长企业

互动游戏：企业成长画像

　　请问，每个企业都必须成长吗？或者说企业可以选择不成长吗？请思考你的企业／你感兴趣的企业过去 5 年内是如何实现成长的，你会如何绘制企业的成长曲线？请画出来和其他同学一起讨论。

收入

时间

一、新企业成长限制和障碍

管理能力制约　　　　资金的约束

市场容量限制　　　　持续创新和战略规划能力不足

创业者角色转变及管理
团队建设滞后

互动游戏：天降横财

请描绘出你熟悉的企业未来 5 年的发展草图。（可用收入规模、员工数量、市场范围等来描述）

1. 如果给你 10 万元，你将在 6 个月内将其用于公司发展，请列出你将用这笔资金完成的最关键的 5 件事情。

2. 如果给你 100 万元，你将在 6 个月内将其用于公司发展，请列出你将用这笔资金完成的最关键的 5 件事情。

3. 如果给你 500 万元，你将在 6 个月内将其用于公司发展，请列出你将用这笔资金完成的最关键的 5 件事情，并请重新画出未来 5 年的发展草图。

二、企业持续成长的管理重点

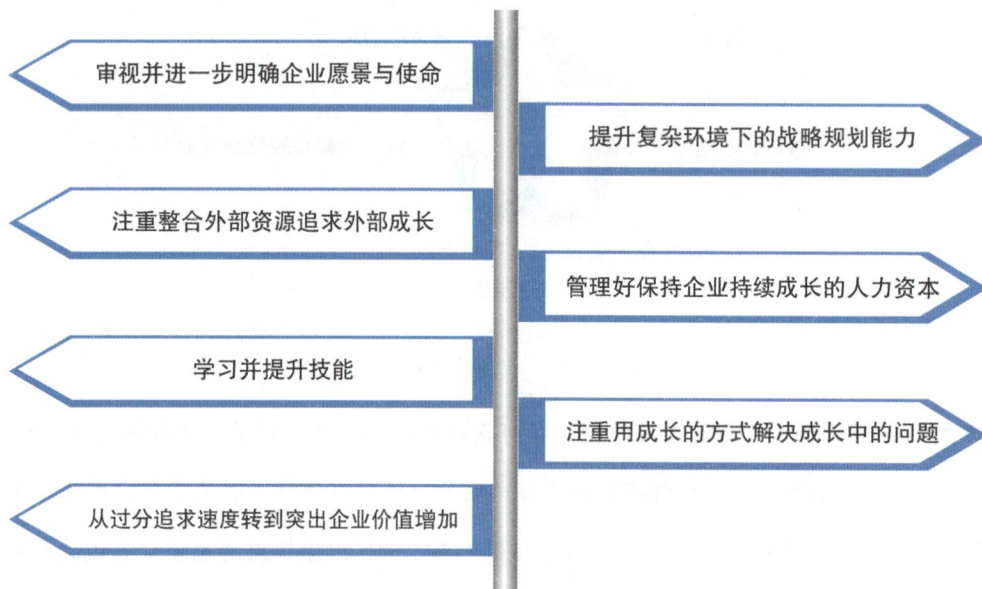

审视并进一步明确企业愿景与使命

提升复杂环境下的战略规划能力

注重整合外部资源追求外部成长

管理好保持企业持续成长的人力资本

学习并提升技能

注重用成长的方式解决成长中的问题

从过分追求速度转到突出企业价值增加

思考与训练

　　走访一家你周围的创业企业，访谈了解他们在经营管理过程中经营的痛苦或成长的烦恼，并与小组成员一起讨论。

本章小结

世界上任何事物的发展都存在生命周期，企业也不例外。

新创企业管理的重点是生存管理，首先是想办法存活！

创业者应善于使用外部资源实现企业高速成长！

参考文献

[1] 伊查克·爱迪斯. 企业生命周期 [M]. 北京：中国社会科学出版社，1997.

[2] 王艳茹. 创业基础如何教：原理、方法与技巧 [M]. 清华大学出版社，2017.4

[3] 景宏磊，李海婷. 创新引领创业——大学生创新创业教程 [M]. 中国石油大学出版社，2016.1.

[4] 张玉利，薛红志，陈寒松，创业管理 [M]. 北京：机械工业出版社.2013.

[5] 丹·塞诺，索尔·辛格. 创业的国度 [M]. 北京：中信出版社，2010.

[6] 汪卫星. 李海波. 开创精彩人生：大学生创新创业教育 [M]. 北京邮电大学出版社，2017.